Semiótica, Informação e Comunicação

Coleção Debates
Dirigida por J. Guinsburg

Equipe de Realização – Produção: Ricardo W. Neves e Sergio Kon.

j. teixeira coelho neto
SEMIÓTICA, INFORMAÇÃO E COMUNICAÇÃO

PERSPECTIVA

Dados Internacionais de Catalogação na Publicação (CIP)
(Câmara Brasileira do Livro, SP, Brasil)

Coelho Netto, J. Teixeira
Semiótica, informação e comunicação / J. Teixeira Coelho Netto. -- São Paulo : Perspectiva, 2014. -- (Debates ; 168 / dirigida por J. Guinsburg)

Bibliografia.
5. edição
ISBN 978-85-273-0170-1

1. Comunicação 2. Lingüística 3. Semiótica 4. Signos e símbolos. 5. Teoria da informação I. Guinsburg, J. II. Título. III. Série.

07-6443 CDD-401.41

Índices para catálogo sistemático:

1. Semiótica, informação e comunicação : Lingüística 401.41

5ª edição
[PPD]

Direitos reservados à
EDITORA PERSPECTIVA LTDA.

Av. Brigadeiro Luís Antônio, 3025
01401-000 São Paulo SP Brasil
Telefax: (11) 3885-8388
www.editoraperspectiva.com.br

2019

SUMÁRIO

PRELIMINAR 9

A. SEMIOLOGIA E SEMIÓTICA

1. A SEMIOLOGIA E SEU MODELO LINGÜÍSTICO 15
   1. Matriz da Semiologia 15
      1. *Lingua /fala; esquema/uso; código/mensagem* 18
      2. *Signo, símbolo e sema* 20
      3. *Significado e valor* 22
      4. *Denotação e conotação* 24
      5. *Dois eixos da linguagem: paradigma e sintagma* 26

2. A Semiologia em Louis Hjelmslev 28
   1. *Esquema /uso* 29
   2. *Signos e figuras* 30
   3. *A função semiótica: expressão e conteúdo* . 31
   4. *Semiologia e semiótica* 33
   5. *Condições da análise semiológica* 35

DISCUSSÃO 41
   1. Semiologia da Comunicação ou da Significação 41
   2. A Dimensão Política do Signo 46

2. SEMIÓTICA: CHARLES S. PEIRCE 51
   1. Semiótica e Filosofia 51
   2. Signo 56
      2.1 *Conceito de signo* 56
      2.2 *Divisão dos signos* 57
         2.2.1 Ícone, índice, símbolo 58
         2.2.2 Qualissigno, sinsigno, legissigno ... 60
         2.2.3 Rema, dicissigno, argumento 61
      2.3 *Categorias dos signos: primeiridade,
           secundidade, terceiridade* 61
      2.4 *Classes de signos* 62
      2.5 *Segundo conceito de signo* 64
   3. Objeto do Signo: Conceito e Divisão 67
   4. Interpretante do Signo: Conceito e Divisão 70
   5. Sentido, Significado, Significação 71
   6. Segunda Divisão do Interpretante 72
   7. A Semiótica Geral 77

DISCUSSÃO 81
   Romper a Resistência Ideológica do Signo 81

DISCURSO BUROCRÁTICO E PRODUÇÃO DO SENTIDO
SEGUIDO DE SEMIÓTICA OU SEMIOFANIA 97
   1. *Discurso Burocrático e Produção do Sentido* 98
   2. *Semiótica ou Semiofania* 104

3. SEMIÓTICA SELVAGEM OU POÉTICA DO SIGNO 111

B. INFORMAÇÃO

1. Conceito de Informação 119
2. Mensagem, Repertório, Audiência 122
3. Informação e Originalidade 128
4. Informação e Entropia 131
5. Inteligibilidade e Redundância 134
6. Código e Informação 140
7. Quantificação da Informação 141
8. Forma e Informação 152
9. A Informação Estética e a Outra 165

Discussão 175
   1. Quantidade e Qualidade na Informação 175
   2. Informação e Estética Científica 179
   3. Estética Numérica: O Curto Fôlego da
      Objetividade 183
   4. Estética Gerativa: O Lugar da Técnica 189

C. COMUNICAÇÃO

1. Comunicação ou Engenharia Urbana? 195
2. A Concepção Paternalista da Comunicação 198
3. Comunicação e Ideologia: o Pré-sentido 204
4. Um Modelo para a Comunicação 211

BIBLIOGRAFIA 215

PRELIMINAR

Toda redução é uma reação: alguém propôs, em algum lugar, essa identidade que ficou suspensa o tempo todo, como ameaça tangível, sobre o trabalho de desenvolvimento deste diagrama. De fato, ao invés de operar, até certo ponto, uma diluição de propostas já firmadas — contornando com isso o debate direto entre o interessado e os textos primeiros, em princípio os únicos capazes, com sua riqueza, de evitar que se fique parado na mesmice, na reação — talvez fosse melhor publicar apenas uma bibliografia selecionada e comentada (ou nem isso) e dirigir as pessoas diretamente às fontes.

No entanto, mesmo mantendo viva aquela advertência inicial, é possível admitir que nem sempre interessa a todos o domínio integral de várias teorias unitárias mas, sim, a apreensão das relações entre essas diversas teorias. Este jogo permutativo de relações pode, de fato, revelar-se mais operacional em certas situações — como as referentes àqueles interessados no trabalho sobre o signo mas que, atuando no campo da comunicação, das artes ou da arquitetura, não estão preocupados com uma formação específica no assunto nem pretendem ser puros semióticos.

A essa primeira justificativa para este trabalho vem juntar-se uma segunda: o fato de que este diagrama não se apresentaria como um simples resumo de teorias já firmadas mas como um Diagrama Terceiro, isto é (como se verá na seção dedicada a Charles S. Peirce), uma prática auto--reflexiva — a única capaz de legitimar atividades de interpretação — que sai à busca de soluções procurando manter sempre um olhar crítico sobre seu objeto e sobre si mesma. Sob este aspecto, assim, este diagrama não hesita em tomar partido, revelando-se não um simples manual passivo de digestos informativos enquanto demonstra seu objetivo — e, mesmo, sua ambição — de proceder a uma opção, provisória que seja, entre os caminhos possíveis. Indício disto são as seções denominadas "Discussão" que, ao final de cada modelo descrito (descrição já implicando uma primeira avaliação) apontam, a título exemplificativo, possibilidades de aplicação da teoria e suas eventuais lacunas ou inadequações. Não se deve procurar neste diagrama, portanto, uma posição neutra e objetiva, mero fantasma velho e cansado que um certo estrabismo dito científico não se cansa de tentar ressuscitar.

Este traço do diagrama revela-se logo ao nível da escolha das teorias a serem descritas. Ao invés de tomar-se uma seqüência de autores e a cada um dedicar duas ou três páginas, preferiu-se restringir drasticamente esse número a fim de assegurar um corpo básico da teoria do signo, minimamente coeso. Naturalmente, a escolha dos nomes deveu--se a uma perspectiva que deverá revelar-se, clara, ao longo e ao final do diagrama.

A obra foi dividida em três seções, formalmente. Na primeira, dedicada a uma descrição da Semiologia e da Semiótica, aparece inicialmente o modelo baseado em Ferdinand de Saussure. Nome e teoria de Saussure são já velhos conhecidos, mas seu modelo não pode ser dispensado num trabalho que se diz introdutório. Além disso, era necessário colocá-lo para ter-se um fundo sobre o qual descrever o modelo de Louis Hjelmslev, particularmente rico e que, com Saussure, constitui a linha central da vertente lingüística da semiologia. E ao lado dos dois, nessa seção, surge a doutrina de Charles S. Peirce, na margem da Semiótica. Autor ainda praticamente não explorado no Brasil, e em vários outros lugares, e que este diagrama não pretende, nem de longe, tornar conhecido, contentando-se em apontar para o lugar por ele ocupado.

Uma segunda parte foi dedicada à descrição da Teoria da Informação, aqui incluída na medida em que se apresenta como uma análise do signo inteiramente diversa da proposta pela semiologia e pela semiótica. Oferecendo resultados questionáveis, em termos gerais, sua presença não deixa de justificar-se não apenas como figura contrastante à primeira abordagem como pelo fato de permitir, de algum modo e sob controle, algumas aplicações até certo ponto produtivas no tratamento do signo.

E uma terceira seção foi aberta para a Comunicação, talvez a mais polêmica das três áreas e que, como se verá, poderia ser traduzida ou incorporada nas duas anteriores. Nesta, discute-se a validade do modelo tradicional da comunicação, ainda hoje usado, e descreve-se alguns caminhos diferentes abertos a essa prática.

O diagrama encerra-se com a proposição de um modelo de análise do signo, mas isso não significa, naturalmente, que a discussão foi concluída. O fim da leitura demonstrará que outros diagramas podem e devem ser construídos, entrando nas áreas abertas e inocupadas por este, contradizendo-o ou vindo em seu auxílio. Já terá cumprido sua função limitada, no entanto, se conseguir demonstrar que a teoria do signo — contrariamente ao que ainda insistem em acreditar apressados escritores de resenhas cuja existência nem valeria a pena mencionar se não dispusessem de órgãos de divulgação de forte penetração — não é um território árido, de especulações abstratas, mas uma disciplina cuja finalidade é a mesma transformação do mundo proposta por outras que passaram (talvez por falta de condições em sua época) por cima do fato de que a atividade instauradora do homem é a produção do signo. Sob tal perspectiva, este diagrama pode ser encarado como uma atividade (política) de divulgação, num trabalho que, na atual condição do país, não deixa de ter uma função que o justifica.

A. SEMIOLOGIA E SEMIÓTICA

1. A SEMIOLOGIA E SEU MODELO LINGÜÍSTICO

1. MATRIZ DA SEMIOLOGIA

A teoria lingüística, cujo objeto de análise é a linguagem — que não reve ser entendida como simples sistema de sinalização mas como matriz do comportamento e pensamento humanos — tem por objetivo a formulação de um modelo de descrição desse instrumento através do qual o homem enforma seus atos, vontades, sentimentos, emoções e projetos. Apresentando-se assim a linguagem como um dos fundamentos das sociedade humanas, não era difícil prever que a teoria lingüística acabaria por ser solicitada a prestar contas do que ocorria em outros campos gerados e sustentados por aquela matriz fundamental: o campo da arte, da arquitetura, do cinema e do teatro, da psicanálise, da sociologia e outras áreas. E mesmo sem convite ela acabaria, simplesmente, invadindo esses domínios.

Para que essa passagem pudesse ocorrer, no entanto, foi necessário esperar que a teoria da linguagem atravessasse vários estádios de seu desenvolvimento. De fato, a teoria lingüística não poderia comportar-se desse modo expandido enquanto se apresentava como *gramática,* tal como propuseram os gregos. Desprovida de uma visão científica, como observa Saussure, e desinteressada da língua em si mesma, essa "gramática" propunha-se apenas a ditar as regras pelas quais era possível distinguir entre o certo e o errado — o que implicava uma perspectiva e um campo de ação bastante limitados.

Um outro momento da teoria lingüística é aquele em que ela surge como *filologia.* O procedimento filológico dominou, por amplo período, a prática da teoria lingüística, mas embora os estudos por ele orientados levassem a uma análise dos costumes e das instituições sociais, seu objetivo era fundamentalmente o de comentar os textos e compará-los através das diversas épocas, visando determinar a língua de cada autor ou explicar inscrições em línguas arcaicas ou procurar a origem das palavras. Sendo essencialmente uma ciência diacrônica, historicista, seu grande ponto fraco, como observa ainda Saussure, é sua preocupação obsessiva com a língua escrita, esquecendo-se da língua viva, praticada a todo momento. Mais ainda: seu ponto de referência sempre foi o passado, o mundo greco-latino, e essa visão voltada para trás impossibilitava-lhe a prática determinante das ciências contemporâneas: a projeção para o futuro.

Uma outra etapa foi marcada pelos estudos de filologia comparativa ou gramática comparada, exercitado a partir das primeiras décadas do século XIX. Seu objetivo era a abordagem das relações entre uma língua e outra, explicar uma língua por meio de outra. Nessa sua atuação, deixou de efetuar aquilo que poderia caracterizá-la como verdadeira ciência: a determinação da natureza de seu objeto de estudo, a proposição de um método. Sendo ainda essencialmente descritiva, não conseguia explicar o significado das relações descobertas entre as línguas, consideradas como esferas fechadas e particulares.

Uma quarta corrente da teoria lingüística pode ser localizada no último quarto do século XIX, tendo no grupo alemão dos *Neogramáticos* um de seus pilares. Esta escola, contrariando a anterior, não aceitava a idéia de que a língua é uma entidade fechada, ressaltando que ela só existe nos sujeitos falantes. Recusava com isso a noção de que a língua tem uma vida e que ela realiza alguma coisa, insistindo em adotar uma perspectiva histórica — a única capaz de explicar a língua como produto coletivo dos vários grupos de falantes.

Embora se diga que a lingüística propriamente dita surgiu dessa escola, será apenas com Ferdinand de Saussure[1] que a lingüística assumirá o caráter geral que lhe permitirá sair do círculo relativamente estreito do estudo das línguas naturais (português, espanhol etc.) e aplicar-se aos mais diferentes domínios da comunicação, quer dizer, da atividade humana. O lingüista dinamarquês Louis Hjelmslev não hesita em dizer que para a moderna teoria da linguagem um único teórico merece ser citado como pioneiro indiscutível: Saussure. Não vendo razões para discordar dessa proposição, é dele que se partirá.

Saussure[2] — cuja teoria enquadra-se nos limites traçados pelo positivismo — visualizava uma disciplina que estudaria os signos no meio da vida social, com isso validando desde logo o transporte dessa teoria para outros campos. Essa ciência, da qual dizia ser parte da psicologia social, foi por ele chamada de *Semiologia*, ou (como quer R. Barthes[3]) ciência geral de todos os sistemas de signos através dos quais estabelece-se a comunicação entre os homens.

Tendo por objeto todos os sistemas de signos, a semiologia também se ocuparia do estudo das linguagens e com isso seria o gênero de que a lingüística é a espécie. Espécie privilegiada esta, para muitos, na medida em que forneceria um modelo aplicável aos demais setores cobertos pela semiologia. Esta condição da lingüística relativamente à semiologia levou inclusive a duvidar-se da existência de sistemas de signos de uma certa amplitude (os mais ricos, por exemplo, que o código de trânsito) que não recaíssem no domínio da linguagem. Luis Prieto, por exemplo, apresenta a lingüística geral como não sendo outra coisa que uma semiologia da comunicação. Roland Barthes chegou a considerar tão acentuada a força do modelo lingüístico que levantou a possibilidade de um dia inverter-se a proposta

1. Suíço, 1857-1915.
2. *Curso de linguística general*. Buenos Aires, Losada, 1965; edição original em 1916.
3. *Le degré zéro de l'écriture suivi de Eléments de sémiologie*. Paris, Médiations/Gonthier, 1968. (R. Barthes é francês, nascido em 1915.)

de Saussure para apresentar a semiologia como constituindo uma parte da lingüística. Não entrando por ora nessa discussão e no debate sobre o alcance do modelo lingüístico, deve-se reconhecer que é possível extrair, deste modelo, certos conceitos gerais cuja utilização na descrição e compreensão de outros sistemas de signos (como os visuais ou sonoros) revela-se operacionalmente positiva. Propõe-se, a seguir, um esquema desses conceitos.

1. *Língua/fala; esquema/uso; código/mensagem*

Na teoria da linguagem de Saussure surge a oportunidade e a necessidade de distinguir-se entre o social e o individual e entre o essencial e o acessório ou acidental. O social e o essencial recaem no domínio da *língua,* cabendo à *fala* o recorte do que é individual e acidental. Em outras palavras, a língua (no dizer de R. Barthes: a linguagem menos a fala) apresenta-se ao indivíduo como um sistema preexistente, uma instituição social que acumulou historicamente uma série de valores e sobre a qual, em princípio, o indivíduo não tem nenhuma ascendência enquanto indivíduo.

A fala, inversamente, é um ato individual de utilização da língua, um modo de combinar os elementos da língua no ato de comunicação. Se a língua é um sistema (conjunto de elementos com relação determinada entre si) a fala é um processo (seqüência de atos) que atualiza, que dá existência concreta a essa língua, tornando a comunicação um fenômeno e não mais uma simples potencialidade.

Língua e *fala* mantêm uma relação dialética entre si de tal modo que se pode afirmar não existir língua sem fala ou fala sem língua. Esta observação contorna o problema de saber o que vem antes, se a língua ou a fala; fica claro que a fala formula a língua e é simultaneamente formada por esta. A fala surge assim como o uso legitimador da existência da língua, que por sua vez autoriza a fala. Em outras palavras, o indivíduo não pode "falar" sem que a sociedade tenha estabelecido as regras pelas quais essa comunicação é possível, mas a sociedade tampouco poderia estabeleecer esse *modus* se os indivíduos não se pusessem a falar.

O conceito de *uso* permite que o par língua/fala possa ser expresso numa outra terminologia: *esquema/uso,* de acordo com a proposta de Louis Hjelmslev. Estes termos são, inclusive, mais adequados a uma semiologia dos sistemas não-lingüísticos, uma vez que contornam a questão do caráter vocal da linguagem tal como esta se revelou para Saussure, caráter este manifesto no termo *fala*. Substituindo-o por *uso*, evita-se aquela especificidade, mantendo-se intato o aspecto de manipulação e atualização de um conjunto de elementos previamente estabelecidos. Essa mesma oposição pode ainda ser expressa em termos de *código/ mensagem*, sendo o código o esquema que permite a elaboração da mensagem e o ponto de referência a partir do qual é possível determinar o significado desta mensagem.

Usando como exemplo uma linguagem natural qualquer, seria possível dizer que sua *língua* seria o conjunto de todos os termos constantes de um dicionário ideal mais as normas de combinação possível entre eles. A fala seria uma mensagem qualquer formada a partir desse conjunto. Em arquitetura, uma certa língua poderia ser formada pelo conjunto de elementos previamente repertoriados (na arquitetura grega clássica: colunas, degraus, frontões etc.) mais as normas de combinação entre eles (na língua ou esquema jônico, uma coluna deve ser colocada sobre uma almofada projetada desta e daquela forma segundo esta e aquela proporção, assim como uma coluna deve estar a esta — e não àquela — distância uma da outra etc.). E qualquer obra concreta de um arquiteto em particular seria exemplo de fala.

Pode-se mencionar ainda uma espécie de subdivisão da fala, que comportaria o *léxico* e o *idioleto*. Por *léxico* se entenderia a fala de determinado grupo (por ex.: o jargão dos médicos ou dos marginais) e por *idioleto*, a fala específica de um único indivíduo (ex.: a linguagem criada por James Joyce para *Finnegans Wake*)[4]. Estes conceitos no entanto, como aliás vários outros em lingüística, não são de aceitação pacífica por toda parte. Mas como não chegam a infringir a lei dicotômica mais geral *língua/fala*, nada impede que sejam usados com certo proveito em determinadas análises. Na história da pintura, por exemplo, pode-se apresentar o "estilo" renascentista como sendo a língua, o modo ou maneira de *um grupo* de pintores como um caso de léxico (ex.: a escola romana) e *uma* tela singular, de *um* determinado autor, como um caso de idioleto.

4. New York, The Viking Press, 1962; primeira edição em 1939. Fragmentos de F. W. foram traduzidos por Augusto e Haroldo de Campos em *Panaroma do Finnegans Wake*, São Paulo, Perspectiva, 1971.

2. Signo, símbolo e sema

Uma mensagem qualquer é composta pelo falante/emissor a partir de uma seleção promovida num repertório de *signos*. Pode-se dizer que signo é tudo aquilo que representa outra coisa, ou melhor, na descrição de Charles S. Peirce, é algo que *está no lugar* de outra coisa. Compreende-se que sem o signo a comunicação seria praticamente inviável pois pressuporia a manipulação, a todo instante, dos próprios objetos sobre os quais incidiria o discurso. Em seu caráter de substituto do objeto visado, o signo propõe-se assim como uma medida de economia comunicativa.

Na teoria de Saussure, o signo pode ser analisado em duas partes que o compõem: o *conceito* e a *imagem acústica*. As palavras faladas de uma língua apresentam-se como imagens acústicas que trazem à tona, quando manifestadas, um determinado conteúdo ou conceito. As designações "imagem acústica" e "conceito" foram substituídas, ainda na própria teoria saussuriana, por outras que tornam mais evidente a oposição que as separa e que permitem uma aplicação mais adequada quando o signo não é vocalizado. No lugar daquelas propôs-se, respectivamente, *significante* e *significado*.

Entende-se por *significante* a parte material do signo (o som que o conforma, ou os traços pretos sobre o papel branco formando uma palavra, ou os traços do desenho que representa, por exemplo, um cão) e por *significado* o conceito veiculado por essa parte material, seu conteúdo, a imagem mental por ela fornecida. Deve-se observar que não há signo sem significante e significado, do mesmo modo como uma moeda não pode deixar de ter cara e coroa.

Na teoria lingüística, o signo é considerado como unidade mínima de primeira articulação. Mínima porque não poderia ser analisado (isto é, dividido) numa sucessão de unidades menores e portadoras de sentido, assim como se analisa um longo discurso numa seqüência de unidades (ex.: frases) bem determinadas e com sentido próprio. Foi dito também que é unidade de primeira articulação. Primeira articulação de uma linguagem é aquela em que uma mensagem é analisada numa seqüência de unidade (signos) dotadas, além de uma forma vocal, de um sentido. Assim, uma mensagem como /votei no candidato do partido A/ é formada por uma série de signos dotados de significado próprio ("votei", "no", "candidato", "do", "partido" "A"). Essas unidades também são conhecidas como *monemas*.

A linguagem tem, no entanto, uma segunda articulação. Toda unidade de primeira articulação pode ser analisada numa seqüência de unidades menores que, estas, *não* têm significado próprio (conhecidas como *fonemas*). Estas unidades, no entanto, têm um valor de posição e oposição. Por exemplo: uma unidade de primeira articulação como /casas/ pode ser analisada em /c/, /a/, /s/, /a/ e /s/. /c/ não tem significado próprio algum, salvo o de opor-se a /v/, /r/ e todas as demais letras do alfabeto, permitindo com isso a distinção entre /casas/ e /vasas/, por exemplo. Este é o valor de oposição dessas unidades de segunda articulação. Quanto ao valor de posição, basta comparar o 1.º com o 2.º /s/ de /casas/: não têm o mesmo valor pois o segundo, estando colocado ao final do signo, traz a idéia de plural.

Toda língua, rigorosamente entendida (como as línguas naturais), deve ter essa dupla articulação. As línguas não-naturais, no entanto (como as propostas pelo código cinematográfico ou pelo código da pintura), não apresentam obrigatoriamente essas duas articulações fixas. No caso destas, por não mais existir o parentesco próximo com o modelo da língua verbal, Luis Prieto propôs chamar de *figuras* aos fonemas, e simplesmente de *signos* os monemas. Assim, nos códigos visuais os signos seriam as menores unidades com significado próprio e as figuras, unidades mínimas desprovidas de significado e com valor apenas referencial.

Já que se está falando em línguas verbais e não-verbais, seria o caso de lembrar que para Saussure a designação *signo* deve ser entendida como *signo lingüístico*, especificamente. Este é arbitrário — isto é, não há uma relação necessária entre ele e o objeto representado — e difere do *símbolo* que, segundo Saussure, nunca é completamente arbitrário. Saussure dá o exemplo do símbolo da justiça (uma balança) que não poderia ser substituída por outro (uma luva, uma caneta etc.). Em outra seção, mais adiante, será dada uma classificação dos signos que, contrariando a de Saussure, permite uma melhor visão das diferenças e proximidades entre signo e símbolo.

Ainda neste domínio, deve ser observada a existência em certos sistemas teóricos, ao lado do *signo* e da *figura*, do *sema*. Etimologicamente, sema e signo designariam uma mesma coisa. Luis Prieto[5], porém, chama de sema um signo

---

5. *Messages et signaux*. Paris, PUF, coll. SèP, 1972.

particular de um sistema não-lingüístico cujo significado não corresponde exatamente a *um* signo (uma palavra) mas a um enunciado ou sintagma, isto é, a uma sucessão de signos. O sinal de estacionamento proibido (um círculo com a letra E barrada em vermelho) teria por significado "É proibido estacionar neste lado da rua". No entanto, sendo eventualmente analisável numa seqüência de signos, o sema não se apresenta como unidade de uma eventual terceira articulação, o que implicaria dizer que o sema pode ser analisado em signos assim como estes em figuras: é que certos semas podem ser decompostos diretamente sem passar pelo nível do signo, ou podem ser analisados em signos sem admitir uma análise em figuras. Por exemplo: no código de numeração dos quartos de hotel, o sema "55" significa que se trata do "quarto 5" do "5.º andar": este sema, portanto, não admite a presença de elementos sem significado, uma vez que seus dois componentes significam alguma coisa; ele pode, porém, ser analisado em signos, em dois signos no caso, um referente à ordem do quarto e outro, à do andar. Já um sema formado pelos sinais navais de braço não é decomponível em signos, mas apenas em figuras. Neste código, um sema pode ser constituído, digamos, por um braço levantado na vertical e outro esticado na horizontal. Tem-se um sema formado por dois componentes. Estes, no entanto, não têm sentido em si: o braço na vertical sozinho nada significa, idem em relação ao na horizontal. Nesse código, um sema qualquer poderá ter como significado, por exemplo, "queremos água" (mas não pode ser decomposto em dois signos isolados do tipo "queremos" e "água".

Já foi dito acima que na teoria lingüística e em semiologia nem sempre existe uma concordância sobre a terminologia empregada. Assim, para Eric Buyssens[6] a palavra *sema* designa um processo convencional cuja realização concreta permite o estabelecimento da comunicação, recebendo a designação de *ato sêmico* essa realização material do processo[7].

3. *Significado e valor*

A significação de um signo não deve ser confundida com o significado desse mesmo signo. O significado é o conceito ou imagem mental que vem na esteira de um significante, e significação é a efetiva união entre um certo

6. Lingüista belga, nascido em 1900.
7. *Semiologia & comunicação lingüística*, São Paulo, Cultrix, 1972.

significado e um certo significante. Se se preferir, pode-se dizer que a questão do significado está no domínio da língua, e a da significação, no da fala. Em outras palavras, a significação de um signo é uma questão individual, localizada no tempo e no espaço, enquanto o significado depende apenas do sistema e, sob este aspecto, está antes e acima do ato individual.

Vejamos um exemplo: uma pessoa vê-se diante do signo /macutena/. Supondo-se que não conheça previamente seu significado, o que ela vê aí é um simples significante, estando no máximo autorizada a dizer (pelo modo como a palavra está composta) que se trata de um possível signo. O fato de não conhecer o significado desse signo não implica, naturalmente, a inexistência desse significado: ele está no dicionário, devidamente transcrito. Trata-se portanto de um signo perfeito, com significante e significado. Para essa pessoa, porém (que não conhece seu significado), esse signo não tem significação. A partir do momento em que alguém lhe diz: o significado de /macutena/ é "pessoa azarenta", ela está em condições de unir esse significado ao significante dado, formando-se aí, para ela, a significação do signo. Inversamente ao que supunha R. Barthes, a significação é uma questão fenomenológica, só sendo passível de delimitação e descrição numa manifestação concreta e isolada.

A significação tampouco pode ser confundida com o *valor* do signo embora, como reconhece Saussure, seja difícil saber como este se distingue daquela. Em todo caso, pode-se dizer que o valor de um signo pode ser determinado por aquilo que está à volta do signo, em seu entorno. Pode-se dizer também que o valor depende da situação recíproca dos elementos da língua. Usando uma imagem de Saussure, uma mensagem pode ser composta por diversos signos os quais têm um valor uns em relação aos outros, sendo que cada um deles é dividido por sua vez em duas partes que, estas, unidas, constituem a significação. E entre esses diferentes signos e suas respectivas partes estabelece-se um jogo tal que a significação é determinada pelo valor e este não deixa de ser afetado por aquela. Como exemplo, pode-se dizer que um signo como /tutu/ pode remeter tanto ao objeto "prato à base de feijão" quanto a "dinheiro" conforme seu entorno — que pode ir desde os signos a sua volta imediata até, se for o caso, o nome do jornal em cuja primeira página aparece esse signo.

Essa situação de instabilidade do sentido levou Saussure a falar em termos de "massas flutuantes de sentido", que só se torna definido ou delimitado quando se procede a uma repentina parada dessas massas, a um corte transversal nelas. A conseqüência desta observação seria que os significados, no limite, são entidades a servir apenas como pontos de referência extremos que podem submergir a qualquer momento sob o peso da significação.

Numa seção posterior, dedicada à teoria de Charles S. Peirce, se voltará a falar da significação, apresentando-a sob outro enfoque.

4. Denotação e conotação

A questão da significação conduz de imediato a uma abordagem dos fenômenos de denotação e conotação do signo[8]. De um signo denotativo pode-se dizer que ele veicula o primeiro significado derivado do relacionamento entre um signo e seu objeto. Já o signo conotativo põe em evidência significados segundos que vêm agregar-se ao primeiro naquela mesma relação signo/objeto. Em /o tutu estava espalhado sobre a mesa/, o signo /tutu/ pode atribuir à mensagem duas diferentes significações, conforme o entorno maior que a envolve: denotativamente, pode-se entender que sobre a mesa fora espalhado o prato à base de feijão; conotativamente, que sobre a mesa havia dinheiro espalhado. Em *Otras inquisiciones*[9], Jorge Luis Borges fornece um exemplo literário, mais rico que o anterior. Ao falar das alegorias, trata dos dois conteúdos abrangidos por uma forma: um, o imediato ou literal (denotativo, diríamos), de que é exemplo: "Dante, guiado por Virgílio, chega a Beatriz". O outro, figurativo (em nossa terminologia, conotativo): "o homem enfim chega à fé, guiado pela razão".

Estando assim a conotação ligada à significação e ao valor, pode-se dizer que esse fenômeno não está situado ao nível do signo isolado mas, sim, ao nível do discurso em sua totalidade no qual se insere o signo em questão. A conotação pode ser entendida também como um outro modo de conceber o mesmo objeto, trazendo para o receptor do signo uma concepção *subsidiária* do objeto. Isto implica dizer, como propõe Luis Prieto[10], que essa concepção subsidiária é uma concepção do objeto que só pode existir *com* uma outra concepção do mesmo objeto — isto é, *cum*

8. Cf. R. BARTHES, *Eléments de sémiologie*, op. cit.
9. Buenos Aires, Emecé, 1960.
10. *Pertinence et pratique*. Paris, Minuit, 1975.

notatio. A primeira operação do signo seria, pois, a operação de *notação*, a operação de representar, designar, anotar; a segunda operação seria feita *com a notação* inicial, sobre ela. Prieto sugere mesmo que se substitua "denotativo" por "notativo", simplesmente, uma vez que, entre outras razões, o par terminológico *notativo/conotativo* torna mais evidente que o par denotativo/conotativo a oposição existente entre os dois membros do par e o caráter subsidiário caracterizador de tudo aquilo a que se aplica o adjetivo *conotativo*.

Graficamente, o signo notativo pode vir expresso sob a forma

signo notativo = | significante | significado |

forma que se confunde com a do signo, simplesmente:

signo = | significante | significado |

Neste caso, o signo conotativo vem sob a forma

signo conotativo | significante | significado |
(signo notativo) | significante | significado |

isto é, ocorre conotação quando o significante *mais* o significado de um signo tornam-se o significante de outro signo, significante este ao qual é acrescentado um outro significado.

Usando a terminologia de Louis Hjelmslev, um signo é o relacionamento (R) entre uma *expressão* (E), equivalente ao significante de Saussure, e um *conteúdo* (C) ou significado. Neste caso, as formas gráficas seriam:

signo = E R C

signo notativo = E R C

signo conotativo   E   R   C

(signo notativo)⋯→$\overbrace{E\ R\ C}$

É importante observar que na passagem de um signo notativo para um signo conotativo não há uma simples substituição de significados, com o significado do notativo sendo trocado pelo do conotativo. O significado notativo *permanece* no signo, agregado a seu significante, e a este conjunto se acrescenta a um outro significado. Assim, notativamente /tutu/ tem um significante formado por /t/ + /u/ + /t/ + /u/ e o significado "prato à base de feijão". Conotativamente, estes dois componentes sígnicos são englobados no significante /t/ /u/ /t/ /u/ que recebe o significado "dinheiro".

É exatamente porque o significado notativo permanece no signo que surge a ambigüidade de mensagens como /o tutu estava espalhado sobre a mesa/ que, conforme o entorno, assumirá uma ou outra significação. Caso os significados fossem apenas trocados, grande parte dos problemas de descomunicação seria eliminada.

5. *Dois eixos da linguagem: paradigma e sintagma*

Na teoria de Saussure, a linguagem é essencialmente uma rede de relações: mais do que os elementos que demarcam uma linguagem (monemas, fonemas etc.) interessam as relações entre eles. Assim, linguagem é a relação língua/fala, significante/significado, notação/conotação etc.

Dentre essas relações, há uma ligando duas ordens de valores que adquirem importância especial na configuração de uma língua, colocando-se mesmo como condição desta.

De um lado, o que se tem são as relações estabelecidas entre as palavras de um discurso, que se combinam umas com as outras e *umas após as outras* em virtude do caráter linear da língua a impedir a possibilidade de dois signos serem pronunciados ao mesmo tempo. Este primeiro eixo é o do *sintagma:* uma seqüência de signos, linear e irreversível. Assim, a mensagem /O sistema de eleição será aperfeiçoado./ constitui um sistema que se define por uma extensão no espaço, formado por signos cuja presença, no ato de enunciar a mensagem, exclui outros signos. Nessa "cadeia falada", ao dizer "sistema" não posso dizer simultaneamente "processo", ao emitir "eleição" não posso transmitir "competição".

Este eixo não existe isoladamente: vem relacionado e é validado por outro, o eixo das relações associativas ou paradigmático (de paradigma = modelo). Em outras palavras, ao preparar-me para formular uma dada mensagem escolho previamente um signo dentre um repertório de outros a ele associados. Por exemplo, devo referir-me a uma "bola de futebol". Na gíria desse esporte, além de "bola" há uma série de outros signos que podem ser utilizados, não importa se notativa ou conotativamente: "balão de couro", "esfera", "redonda", "menina", "pelota" e outros. O conjunto destes signos constitui um *paradigma* do qual me servirei para a construção do sintagma — sendo que me remeterei a tantos paradigmas quantos forem os signos presentes no sintagma:

o	pelota	penetrou	no	rede
A	bola	entrou	na	gol
	balão redonda	adentrou		véu da noiva

A linha pontilhada na horizontal indica o sintagma de fato atualizado, o que concretamente transmiti. As colunas verticais (paradigmas) indicam, cada uma, o repertório de signos possíveis (alguns deles) à minha disposição quando decidi formular /A bola entrou no gol/: dentre os vários signos associados, procedi a uma seleção a seguir concretizada numa relação sintagmática.

Deve-se observar que enquanto num sintagma há uma certa ordem de sucessão e um número determinado de signos, os componentes de um paradigma não obedecem nem a uma ordem determinada, nem são em número definido. A associação pode ser estimulada por uma série infindável de razões. Um signo como "trabalho" pode associar-se tanto a "labor" (associação por conteúdo) quanto a "baralho" (neste caso, associação por simples semelhança formal de expressão); "ver" pode associar-se com "olhar" ou "ter" e assim por diante.

Na análise semiológica, a relação paradigma/sintagma pode ser verificada numa infinidade de casos — mesmo porque a existência desses dois eixos é tão necessária à existência de uma linguagem quanto é obrigatória a coexistência do significante e significado para a constituição do signo. Em arquitetura, um templo grego concretamente construído é um caso de sintagma, e para a construção da edificação o arquiteto teve a sua disposição vários paradigmas. O templo real é sintagma na medida em que uma certa coluna combina-se, numa relação de contiguidade, com um frontão etc. E como paradigmas, o arquiteto dispunha, por exemplo, das ordens dórica, jônica ou coríntia, cada uma delas com um tipo de coluna, de almofada, de capitel etc. R. Barthes apresenta como um caso de paradigma da indumentária os vários grupos de peças que se pode usar ao mesmo tempo sobre uma parte do corpo: o grupo das peças usadas sobre a cabeça (chapéu, boné, barrete), usadas no pé (bota, sapato, sandália) etc. Um sintagma, nesse caso, seria uma combinação real, sobre uma pessoa, de *um* chapéu com *um* sapato e *uma* camisa, *uma* certa calça etc.

O diagrama acima descrito não pode, com toda evidência, ser tomado como retrato sequer aproximado da teoria lingüística de Ferdinand de Saussure. Mesmo assim, ele não deixa de apresentar o esqueleto mínimo do modelo lingüístico. O que pode propor-se como instrumento da análise semiológica. É claro que esse modelo subsiste enquanto se considera que a semiologia, mesmo sendo a ciência de todos os sistemas de signos e portanto daqueles que dependem da lingüística, deve basear-se nos métodos, descobertas e propostas desta que é apenas uma de suas espécies. O modelo permanece válido, assim, para os que consideram que além das línguas naturais há sistemas de signos (como o da arte) que podem ser considerados como sistemas de modelização secundária em relação a essas línguas naturais ou sistemas básicos, o que pode implicar inclusive a noção de que a consciência humana é uma consciência lingüística. Há, no entanto, vertentes da análise semiológica que não se baseiam no modelo lingüístico de Saussure, como se verá adiante.

2. A SEMIOLOGIA EM LOUIS HJELMSLEV

O mais conhecido dos autores (senão o principal) em torno dos quais se formou o Círculo Lingüístico de Copenhague, Louis Hjelmslev[11] destacou-se no campo dos estudos lingüísticos desde 1931 quando, com Uldall e Lier, propôs os princípios de uma nova teoria fonológica, a fonemática. Para o assunto deste estudo, no entanto, o que mais de perto interessa é uma outra teoria desenvolvida por Hjelmslev, juntamente com o mesmo Uldall, em 1935: a glossemática, da qual uma das principais exposições são os *Prolegômenos a uma teoria da linguagem*, publicados em dinamarquês em 1943[12].

11. Dinamarquês, 1899-1965.
12. Edição brasileira pela Ed. Perspectiva, São Paulo, 1975.

Nessa obra, Hjelmslev expõe as bases teóricas de um procedimento de análise da linguagem que procura evitar aquilo por ele visto como imprecisões da abordagem lingüística tradicional. Estas mesmas imprecisões são, de fato, as razões para seu desacordo com os estudos lingüísticos anteriores, motivando sua formulação de uma teoria capaz de manter uma independência de princípio em relação àquilo por Hjelmslev chamado de "substâncias extralingüísticas" nos estudos da língua — numa posição que o leva a denominar sua teoria, a fim de marcar sua distância em relação às teorias precedentes, de *glossemática* (do grego *glossa*, para *língua)*, caracterizada pelo objetivo de descrever os *glossemas*, ou formas mínimas isoladas pela teoria enquanto bases de explicação ou invariantes irredutíveis.

Antes de mais nada, é preciso destacar que com Hjelmslev não se tem apenas uma simples mudança de terminologia em relação às propostas de Saussure, o único teórico da linguagem retido pelo autor dinamarquês. Mesmo quando, em relação a uma unidade da língua em particular, seria possível dizer que Hjelmslev nada mais faz além da propor um novo nome, é necessário levar em consideração o edifício total proposto pelo autor dos *Prolegômenos...*, que se apresenta como uma construção muito mais formalizada que a de Saussure e, com isso, mais detalhada e específica e exigindo uma denominação apropriada. Sob esse aspecto é que se justifica a terminologia diversa de Hjelmslev — sem mencionar, como se fez no parágrafo anterior, que o outro pilar sustentador dessa justificativa é a recusa dos pontos de vista transcendentais não pertinentes a uma teoria lingüística. Assim, antes de descrever a aplicabilidade do modelo de Hjelmslev à abordagem semiológica será necessário passar por alguns poucos conceitos básicos de sua teoria a fim de assinalar seus traços distintivos quando comparados com os do modelo saussuriano.

1. *Esquema/Uso*

Saussure observou a existência de uma dicotomia entre língua e fala, mantida porém especificada por Hjelmslev. Assim, na língua Hjelmslev estabeleceu uma distinção entre três planos: *esquema, norma* e *uso*.

O esquema é a língua entendida como forma pura, ou *sistema*, equivalente à língua de Saussure em sentido estrito. A norma caracteriza-se como forma material da língua tal como esta se apresenta marcada pela manipulação dos usuários reais sem conter, no entanto, os detalhes específicos dessa operação. O uso já é a língua tal como ela se manifesta especificamente no grupo social. Assim, enquanto esquema a língua contém uma certa possibilidade significativa. Essa possibilidade — inicialmente sob uma forma "escrita", isto é, apenas virtual — assume um certo traço quando oralizada, seja qual for a forma então assumida. O uso será, pois, a forma assumida por essa manifestação num dado grupo social (por ex.: um modo de pronunciar).

Esse quadro tripartido pode na verdade ser organizado em dois grupos, opondo o *esquema* (ou instituição) ao grupo da *normal/uso/fala* (ou execução). E na medida em que Hjelmslev considera a norma como um conceito abstrato cujo fim é meramente metodológico, e como a fala apresenta-se para ele como fenômeno passageiro e circunstancial, esse mesmo quadro pode ser resumido a uma oposição do tipo *Esquema/Uso* — correspondendo ao par Língua/Fala de Saurrure mas apenas após ter passado pela análise e especificação acima.

2. *Signos e figuras*

No modelo de Hjelmslev, surge como proposição inicial o fato de que uma linguagem é um sistema de signos. A descrição do signo não é inovada por Hjelmslev, que admite ficar com a definição tradicional — por ele considerada realista e imprecisa — segundo a qual um signo é antes de mais nada signo de alguma outra coisa. Em seu modelo, o signo é, assim, definido por uma função na medida em que designa, significa (isto é, funciona) e opõe-se ao não-signo, que não veicula uma significação. Por exemplo, *cão* é um signo formado pela combinação de /c/, /a/, /o/ que aqui, não aparecem como expressão de signo.

Esta distinção lembra de imediato a estabelecida entre monema e fonema mas, inversamente ao que acontece neste modelo, no de Hjelmslev o objetivo da análise não será o de proceder à divisão em signos. Observando ocorrências como /casas/, Hjelmslev constata que o s final nesse caso funciona como expressão de signo na medida em que transmite a idéia de plural. De outro ponto de vista, no entanto, esse *s* é um fonema, o que implica reconhecer um objeto diferente do primeiro. Nesta circunstância, seria possível dizer que a expressão de signo *s* compreende apenas um único fonema, mas coisa bem diferente seria identificar a expressão de signo com o fonema uma vez que este participa de outras combinações onde não aparece como expressão de signo (é o caso do primeiro *s* de /casas/ ou do *s* de /salto/). Por esta razão, Hjelmslev abandona a tentativa de uma análise em signos, procurando antes analisar separadamente *expressão* e *conteúdo* (ver próximo item).

Isso não impede Hjelmslev de entender a linguagem como um jogo (ou economia relativa) entre signos e não-signos. Conforme seu conceito, uma linguagem é antes de mais nada um sistema de signos — no entanto constituídos através dos não-signos. Os signos são em quantidade ilimitada, mas são apenas realizáveis graças à existência de um número limitado e muito restrito de não-signos (as letras de um alfabeto). Estes não-signos recebem, em seu modelo, a designação de *figuras* que, responsáveis pela estrutura interna da linguagem, fazem com que esta seja entendida, afinal (do ponto de vista lingüístico), como *sistema de figuras que podem formar signos*. Hjelmslev ressalta que definir uma linguagem como sistema de signos é levar em conta apenas as funções externas da linguagem (o problema da significação), as relações entre a língua e os fatores extralingüísticos, razão pela qual — de acordo com sua teoria que se quer exclusivamente lingüística — ela deve surgir antes como sistema de figuras.

3. *A função semiótica: expressão e conteúdo*

Tendo qualificado de imprecisa a definição tradicional de signo, Hjelmslev constata que, não sabendo exatamente o que são os signos, mais adequado será falar de algo cuja existência é constatada. No caso, verificável é a *função semiótica,* constituída pela reunião entre duas grandezas: *expressão* e conteúdo, que se apresentam como os terminais dessa função ou seus funtivos[13]. Assim como na teoria de Saussure existe uma solidariedade entre significante e significado, sem o que não existe signo, na de Hjelmslev também não existe função semiótica sem a presença simultânea da expressão e do conteúdo. Cada um destes funtivos pressupõe a existência do outro: a expres-

13. Num grafo

são só é tal porque exprime um conteúdo e o conteúdo só é tal porque é conteúdo de uma expressão. Vale, aqui, distinguir entre conteúdo e *sentido:* Hjelmslev observa que o conteúdo de uma expressão pode não ter sentido de um ponto de vista qualquer (o da lógica, por ex.), sem deixar de ser um conteúdo[14].

Isso leva a descrever o que se entende por *sentido* em sua teoria. Comparando-se diferentes línguas, extrai-se delas o que há de comum a todas. Fazendo-se abstração do princípio de estrutura dessas línguas, esse fator comum é aquilo que recebe o nome de sentido. No exemplo dado por Hjelmslev

jeg véd det ikke	(dinamarquês)
I do not know	(inglês)
je ne sais pas	(francês)
en tiedä	(filandês)
naluvara	(esquimó)
eu não sei	

apesar das diferenças há um fator comum, ou sentido: "eu não sei", formado de modo diferente conforme as diferentes línguas e do qual se pode dizer que a cada vez ele se transforma em *substância* de uma *forma nova.*

Forma e *substância* são os dois componentes que Hjelmslev atribui a cada um dos dois planos, expressão e conteúdo. Pode-se entender a *forma* como aquilo que é passível de descrição pela lingüística e a substância como o conjunto dos aspectos lingüísticos que só podem ser descritos através de elementos extralingüísticos. Há assim uma forma e uma substância da expressão e uma forma e uma substância do conteúdo, e esta especificação dá nova dimensão aos conceitos de significante e significado, equivalentes à expressão e conteúdo no modelo de Saussure.

Na descrição de R. Barthes[15], como exemplo de substância da expressão pode-se citar a substância fônica, articulatória e não funcional descrita pela fonética e não pela fonologia[16]. Já a forma da expressão é constituída pelas regras paradigmáticas e sintáticas, observando-se que uma

14. P. ex.: na argumentação
   Todo A é B
   Todo B é C
   Portanto, todo C é D
a asserção final «Portanto, todo C é D» é destituída de sentido do ponto de vista da lógica formal — mas nem por isso deixa de ter um conteúdo («todo C é D»).

15. Cf. *Eléments de sémiologie.*

16. Fonética: estudo dos sons e articulações de uma língua. Fonologia: estudo dos fonemas conforme a função desempenhada numa língua.

mesma forma pode ter duas substâncias distintas, uma fônica e a outra gráfica. Como exemplos de substância do conteúdo pode-se citar os aspectos emotivos ou ideológicos do significado, e por forma do conteúdo entende-se a organização formal dos significados entre si.

Estas distinções — que constituem um dos pontos centrais da teoria de Hjelmslev a merecer um estudo bem mais aprofundado que o aqui esboçado — permitem retornar, como faz o autor dos *Prolegômenos*..., ao problema da significação da palavra *signo*. Segundo Hjelmslev, parece mais adequado usar a palavra *signo* para designar a unidade constituída pela forma do conteúdo e pela forma de expressão e estabelecida pela solidariedade[17] designada pelo nome de função semiótica. Observa ainda que se *signo* for usado para designar apenas a expressão (ou qualquer de suas partes — embora o signo seja signo também de uma substância do conteúdo e de uma substância da expressão), isso pode estimular a idéia de que uma língua não passa de uma simples nomenclatura ou elenco de etiquetas a serem presas a objetos preexistentes. Prevalece assim a idéia de que um signo é signo de alguma coisa e que esta coisa reside fora do signo.

Esta advertência contra o perigo de cair numa visa "nomenclaturista" do signo não impede Hjelmslev de reconhecer que os termos *expressão* e *conteúdo* são de fato arbitrários, não sendo possível afirmar que é imperioso chamar uma dessas grandezas de expressão e a outra de conteúdo e não o contrário. Trata-se apenas de grandezas do signo que se definem pela solidariedade entre elas, nada mais que isso.

4. *Semiologia e semiótica*

No modelo de Hjelmslev, a semiologia apresenta-se sob a forma da lingüística em seu sentido mais amplo. A descrição de semiologia aqui, no entanto, é bem mais complexa do que a simples "ciência de todos os sistemas de signos" proposta com base em Saussure, e isto em conseqüência da alta formalização do modelo hjelmsleviano. A descrição de *semiologia* e *semiótica*, como se verá, obriga a realização de sucessivas passagens de um conceito para outro numa operação que praticamente envolveria toda a teoria de Hjelmslev. Tentando abrir um atalho nesse edifício de relações lógicas que corre o risco de desabar se al-

---

17. Solidariedade: interdependência entre os termos de um processo.

gumas delas forem omitidas, como o serão aqui, pode-se começar pela *semiologia* dizendo que ela é uma metassemiótica com uma semiótica não-científica como semiótica-objeto. Esta descrição exige que se esclareça o significado de *semiótica, semiótica-objeto, semiótica-científica* e *metassemiótica*.

Semiótica: hierarquia cujos componentes, todos, admitem uma análise em classes definidas por relações mútuas, de modo que qualquer dessas classes por sua vez admite uma análise em outros derivados. Conceitos básicos envolvidos, para o que interessa aqui: hierarquia, análise, classe, componente, derivados. *Análise:* descrição de um objeto através das dependências estabelecidas com outros objetos. *Classe:* objeto submetido à análise. *Componentes:* objetos registrados por uma única análise como sendo dependentes da classe e de si mesmos reciprocamente. *Hierarquia:* classe de classes. *Derivados:* componentes e componentes de componentes de uma classe no interior de uma única dedução.

Semiótica-objeto: semiótica que entra como plano numa semiótica.

Semiótica-científica: semiótica que é uma operação, entendendo-se por operação a descrição feita segundo o princípio de empirismo; este, por sua vez, exige que a descrição seja não-contraditória, tão exaustiva e tão simples quanto possível, nessa ordem.

Metassemiótica: semiótica científica da qual um ou vários planos são semióticas.

Tentando resumir essa seqüência de rígida descrições (a evidenciar o fato de que para Hjelmslev uma teoria da linguagem ou uma semiologia é antes de mais nada um procedimento que depende em alto ponto de uma teoria cuja obrigação mínima é apresentar-se como um sistema coerente consigo mesmo, onde cada um dos elementos remete necessariamente a outros do próprio sistema) pode-se dizer que a semiologia equivale a uma metalinguagem na medida em que se apresenta como uma semiótica de uma semiótica ou como um texto (sintagmática fruto de uma paradigmática ou língua) que se debruça sobre outro texto a fim de descrever seu funcionamento e, eventualmente, seu sentido.

No fundo, isso equivale a apresentar a semiologia como ciência dos sistemas de signos — com a diferença que em sua descrição Hjelmslev praticamente aponta e condensa o modo pelo qual essa ciência deve operar. A seguir serão descritas as condições em que uma análise semiológica, conforme o modelo de Hjelmslev, pode ser desenvolvida com legitimidade.

5. *Condições da análise semiológica*

Na formulação de seu modelo, Hjelmslev parte de um postulado segundo o qual existe um isomorfismo de todos os sistemas de signos, do que resulta ser a teoria da linguagem, construída a partir do modelo formal das línguas naturais, aplicável a todos os sistemas de signos — desde que estes constituam uma *linguagem*. Hjelmslev adverte contra o uso indiscriminado do termo "linguagem" para caracterizar um processo qualquer de comunicação. Para que se possa falar em linguagem, para que algo se constitua em objeto de uma análise semiológica, é necessário constatar a existência de uma série de traços característicos que se ajustem a esse mesmo modelo formal das línguas naturais proposto pelos *Prolegômenos*... Estes traços foram condensados pelo próprio Hjelmslev num texto que constitui a substância de um curso por ele dado na Universidade de Londres em 1947 e que teria permanecido inédito até 1968, data da publicação da edição francesa dos *Prolegômenos*: trata-se de *La structure fondamentale du langage*[18], espécie de resumo bem sucedido dos próprios *Prolegômenos*.

Nesse texto, Hjelmslev apresenta cinco traços sem os quais não se pode falar na existência de uma linguagem e, portanto, na validade de uma semiologia derivada de sua teoria. Estes traços não chegam a contradizer os constantes da teoria de Saussure mas sobre estes têm, como já foi observado, a vantagem de uma formalização mais rigorosa. São em número de cinco, e destes os dois primeiros dizem respeito à existência de *dois eixos* (o *texto* ou processo lingüístico e a *língua* ou sistema lingüístico) e *dois planos* (expressão e conteúdo), absolutamente essenciais e dos quais derivam os outros três — advertindo-se no entanto que na tentativa de identificar uma linguagem o pesquisador não deve deter-se no encontro desses dois primeiros elementos.

a) *Os dois eixos* — Hjelmslev adere à tese, por ele mesmo designada como sendo "de validade geral", segundo a qual para cada Processo existe um Sistema subjacente, em cujos termos o processo pode ser descrito e analisa-

18. In *Prolegomènes à une théorie du langage*, Paris, Minuit, 1975.

do num número limitado de premissas. Um processo pode ser entendido, em termos gerais, como uma seqüência de atos que levam a um dado resultado, enquanto o sistema é o mecanismo pelo qual esse processo se realiza. O imediatamente observável é um processo — ou *texto* — que se constitui no objeto de leitura e decifração: uma pintura, um filme, uma cena teatral. A divisão desse texto em seus componentes corresponde à identificação (ou formulação) do sistema subjacente ao texto. Assim, tudo que se propuser como objeto de uma semiologia deve principiar por apresentar um processo e um sistema.

Pensando-se em termos de uma semiologia da arte, poderia surgir de imediato uma pergunta: a única realidade de uma obra de arte (uma pintura, por ex.) não seria o texto observável "objetivamente" (isto é, o processo), não passando o sistema de uma invenção, uma proposição arbitrária, uma criação individual do analista? Não constituiria o sistema (neste caso, não somente na obra de arte) apenas aquilo que um indivíduo determinado e localizado veria sob o processo proposto, existindo portanto tantos sistemas quantos forem os indivíduos a observar o processo — indagação cujas conseqüências, no caso da arte, seria negar a existência de uma sua linguagem por falta de uma estrutura de regras definidas?

O próprio Hjelmslev previu esta objeção (embora não pensasse no caso da arte) e argumentou que, embora o texto esteja mais próximo da observação direta e imediata, só se constitui realmente como tal na medida em que é submetido à análise e, assim, tanto quanto o sistema, não deixa de ser produto de uma mente pesquisadora, do indivíduo que o aborda. O investigador sempre deixa suas marcas no objeto investigado, não havendo, de certo modo, sentido em falar-se de realidades que não sejam realidades para o pesquisador e que, portanto, são realidades que não pertencem exclusivamente ao mundo exterior.

b) *Os dois planos* — Junto com o anterior, outro par que participa da estrutura de uma linguagem: o formado pelo *plano da expressão* e pelo *plano do conteúdo*. A linguagem tem por característica ser dupla, apresentar-se como uma estrutura com duas faces, o conteúdo e a expressão. Como já foi ressaltado acima, a função signo (ou simplesmente: signo) deve ter necessariamente esses dois planos como funtivos, sem os quais inexiste a função. Além do que já foi exposto no tópico n.º 3, pode-se observar que:

a) um signo é algo que representa outro algo: esse outro algo é o sentido ou matéria;

b) a matéria é, em si, amorfa e independente de uma forma específica qualquer, com a qual mantém uma relação puramente arbitrária;

c) ao projetar-se uma forma sobre a matéria surge aquilo que, nesta teoria, recebe o nome de substância;

d) em linhas gerais, o plano da expressão equivale à forma, e o plano do conteúdo à matéria, observando-se que do mesmo modo como uma matéria pode ser formada de modo diferente nas diferentes línguas, também um conteúdo pode ser concretizado através de diferentes expressões.

Deve-se insistir e repetir que a ausência de sentido num signo (ou mesmo numa linguagem) não significa ausência de conteúdo desse signo ou linguagem, conteúdo que continua a existir e validar signo e linguagem: é que a falta de sentido pode ser alegada com relação a referenciais determinados (o ponto de vista lógico, por ex.), sem que com isso se esteja decretando a vacuidade conteudística.

c) *Relações entre expressão e conteúdo* — O terceiro elemento caracterizador da linguagem diz respeito ao modo particular pelo qual os paradigmas do conteúdo e os paradigmas da expressão estão ligados uns aos outros. Uma primeira forma de relacionamento entre os dois planos é a *denotação,* na teoria de Hjelmslev, ou *relação de signo* — que resulta de uma ligação entre uma unidade precisa do conteúdo e uma unidade precisa da expressão. Assim, seria possível pensar num código a ser utilizado para a identificação, na placa, de veículos automotores de tal modo que a um determinado algarismo ou grupo de algarismos corresponderia um certo estado do país; por exemplo, 21 = São Paulo, 45 = Amazonas etc., sendo que sempre a expressão "21" remeteria ao conteúdo "São Paulo" e assim por diante. Neste caso, a relação entre os planos estabelecida pelo signo seria a relação de denotação.

Há, no entanto, uma outra relação possível entre esses paradigmas, designada pelo termo *comutação*. Sendo uma relação complexa, a comutação entende-se como uma relação entre duas unidades de um mesmo plano da linguagem (por exemplo a expressão) que está ligada a uma relação entre duas unidades do outro plano da linguagem (o conteúdo). No caso do hipotético código acima mencionado, as relações entre seus signos seriam tais que ao substituir-se a expressão "21" pela expressão "45", necessariamente se estaria substituindo o conteúdo "São Paulo" pelo conteúdo "Amazonas". Neste caso, as duas unidades de expressão "21" e "45" mantêm entre si uma relação que, esta, liga-se à relação estabelecida entre as duas unidades de conteúdo "São Paulo" e "Amazonas".

Um outro exemplo de comutação pode ser dado através da análise do signo *sou*. Este signo é composto por uma expressão de signo analisável em três componentes de signo: *s*, *o* e *u*, e por um conteúdo de signo capaz de ser analisável em cinco componentes de signo: "ser", indicativo, presente, primeira pessoa e singular. Cada um desses componentes de signo pode comutar em separado. Assim, se "ser" for substituído por "ter", mantendo-se as demais unidades do conteúdo (indicativo, presente, primeira pessoa, singular), a expressão passa a ser *tenho*. Se as quatro primeiras unidades de conteúdo forem mantidas, substituindo-se "singular" por "plural" a expressão será *somos*, e assim por diante.

d) *Relações entre unidades lingüísticas: combinação e recção* — Nenhuma linguagem pode subsistir sem que entre suas unidades estabeleçam-se relações bem definidas. Um desses tipos de relações é a *recção*, verificada quando uma unidade implica a outra de modo que a unidade implicada é condição necessária para a presença da unidade que a implica. No código do semáforo, há tal relação entre as cores utilizadas que se pode falar na existência de recção mútua entre elas: o "amarelo" implica que o "verde" ou o "vermelho" o precede ou segue, assim como o "verde" ou "vermelho" implica que o "amarelo" o precede ou segue.

Contrariamente à recção, diz-se que as relações entre as unidades da linguagem são de *combinação* quando entram em contato sem que haja recção entre elas.

c) *A não-conformidade* — Em certos códigos é possível constatar a existência de uma correspondência rigorosa entre todas as relações do plano do conteúdo e as do plano da expressão. É o que ocorre com o código do semáforo, onde "amarelo" sempre é "atenção", "verde" sempre é "siga" e "vermelho" sempre "pare", do mesmo modo como são sempre as mesmas as relações entre os signos

38

(no caso do semáforo com três estádios, ocorrem sempre na mesma ordem, as relações descritas sob o signo da recção). Em casos como este, como ressalta Hjelmslev, não há razão para deixar de seguir o princípio científico segundo o qual deve dar-se preferência sempre à solução mais simples capaz de explicar os fatos — e assim, a rigor não se deveria, na realidade, fazer distinção entre conteúdo e expressão no código do semáforo: ambos esses planos se confundem.

Em outros códigos, no entanto, como ocorre com as línguas naturais, as correspondências rigorosas entre expressão e conteúdo não são uma constante. Como estes códigos revelam-se linguagens mais ricas, capazes de manifestar uma série infinita de sentidos, ou de vir a criar combinações inicialmente não previstas (o que não pode ocorrer no código do semáforo), apresenta-se a *não-conformidade* entre esses planos como o quinto traço característico de uma linguagem — seguindo-se a impossibilidade de definir-se como linguagem o código do semáforo ou o da numeração de quartos de hotel e outros do tipo.

São estes os cinco elementos fundamentais de uma estrutura lingüística. O objeto de análise por eles definido pode ser considerado propriamente como linguagem e, neste caso, o método (semiólogico) de análise e descrição proposto por Louis Hjelmslev poderá ser sobre ele aplicado com toda propriedade. A importância desta adequação é tanto maior quanto se pode dizer que a validade da análise semiológica *stricto sensu* não depende tanto do resultado obtido quanto da coerência do modelo aplicado nessa análise. Claro que o resultado depende do modelo, mas a observação anterior procura destacar o papel do método, geralmente relegado a um segundo plano pela preocupação com o objeto e o resultado. Correndo o risco de formular uma heresia aos olhos de muitos, seria o caso de dizer que neste tipo de trabalho não interessa tanto *o que* mas sim o *como*. Minorando um pouco essa afirmação, pode-se dizer que um *como* que não resulte num *o que* de nada serve, mas um *o que* não firmado num *como* coerente configura não apenas uma inutilidade mas, também, algo cujos efeitos são francamente negativos. O modelo proposto por Hjelmslev, sob este aspecto, é particularmente útil: de base rigorosamente lógica, permite ao pesquisador a atitude "prática e técnica que o especialista freqüentemente necessita em seu trabalho", como ressalta o próprio autor.

Observando o procedimento exposto com exaustividade nos *Prolegômenos*..., o pesquisador deixará de utilizar o termo "linguagem" na forma imprecisa em que ele é hoje habitualmente empregado, habilitando-se a uma prática da semiologia capaz de deixar à margem toda uma série de noções superficiais, relacionadas com essa disciplina, que acabam responsáveis pelo descrédito votado a muitas análises auto-apresentadas como "semiológicas".

DISCUSSÃO

1. SEMIOLOGIA DA COMUNICAÇÃO
   OU DA SIGNIFICAÇÃO

Certos autores, como Georges Mounin[1], insistiam na necessidade de estabelecer-se uma distinção nítida entre *comunicação* e *significação* a fim de definir com clareza os limites de aplicabilidade da semiologia, particularmente de uma semiologia de base lingüística. Segundo essa visada, seria imperioso distinguir entre aqueles fatos perceptíveis, ligados a estados da consciência e produzidos expressamente para dar a conhecer esses estados, e os que não se

1. *Introduction à la sémiologie*, Paris, Minuit, 1971.

apresentam sob esse aspecto. Os primeiros seriam os fatos de comunicação, apresentando-se tais fatos como *sinais*, e os segundos seriam os fatos de significação, representados por índices. Em outras palavras, os fatos de comunicação apresentam-se como aqueles processados através de meios utilizados para influenciar outrem e reconhecidos como tais por aquele a quem se pretende influenciar. Inversamente, os fatos de significação evidenciam-se como sustentados por índices, ou meios não produzidos voluntariamente por um emissor e não reconhecidos como meios que tentam exercer aquela influência. Nessa linha, os índices apresentam-se como portadores de significações não manifestas, latentes e diversas de sua significação aparente. E a semiologia — que para Mounin somente seria "correta" quando baseada numa oposição adequada entre os conceitos de "índice" e "sinal" — deveria ter essa distinção sempre em mente, ao pretender exercitar-se sobre um objeto, a fim de decidir sobre o método a utilizar — coisa que, para Mounin ainda, Barthes não teria feito ao estender o campo da semiologia de modo a abranger todos os sistemas de signos[2]. E propondo a semiologia da comunicação como um modelo mais adequado para a semiologia da significação do que o fornecido pela lingüística, em virtude das significações são manifestas encontráveis numa peça de teatro ou num filme por exemplo, G. Mounin reconhece que se essa semiologia da significação ainda não foi suficientemente proposta, também a da comunicação ainda se encontra num estádio de subdesenvolvimento, sendo de todo modo extremamente difícil constatar a *intenção* de comunicar que viria transformar os índices em sinais. E isto embora Mounin entenda ser fácil definir como "de significação" alguns dos campos descritos por Barthes como pertencentes ao domínio mais geral da semiologia, por exemplo o campo das vestimentas.

Com efeito, nada mais difícil que determinar e provar a existência ou inexistência de uma intenção de comunicação. Dos próprios signos do código da indumentária de que fala Mounin não está ausente, explicitamente, uma intenção de comunicar. Num outro texto da mesma obra de Mounin já citada, o autor vai por exemplo tentar demonstrar que não há comunicação no teatro. Segundo ele, há uma série de indícios apontada para essa inexistência. O fato de, no teatro, os emissores-atores serem sempre os mesmos, com a função de receptores-espec-

---

2. O próprio Saussure, de resto, já havia observado ser necessário averiguar se os modos de expressão baseados em signos inteiramente naturais pertenciam de direito à semiologia.

tadores sendo desempenhada também sempre pelas mesmas pessoas, seria um desses indícios: num processo de comunicação legítima, emissor e receptor podem constantemente mudar de posição, passando o emissor a ser receptor e vice-versa, sucessivamente. No teatro, porém, o fluxo da informação obedeceria a um único sentido: da cena para a sala. Um outro traço do processo de comunicação, para Mounin, seria o responsável pelo fato de a resposta do receptor vir no mesmo código usado pelo emissor — numa situação, para ele, implicando que os espectadores teriam de responder aos atores/emissores em termos de teatro, através do teatro, fazendo teatro, coisa que ele, Mounin, não observa. Um terceiro traço da comunicação por ele apontado diz respeito ao modo de decodificar a mensagem. Aqui, observa Mounin que uma criança é capaz de decodificar todas as mensagens lingüísticas que lhe são emitidas em sua língua através de um único código, e indaga se o espectador pode "vangloriar-se" de decodificar, segundo o mesmo sistema, todas as peças que vê. Sua resposta, a isto, é *não,* concluindo mais uma vez pela inexistência de comunicação no teatro.

Sem entrar numa discussão mais alongada, é possível rebater com segurança, embora em poucas linhas, essa argumentação de Mounin — que pelo menos à época da redação de seu texto (1969) tinha uma concepção extremamente acadêmica do teatro, aparentemente impermeável a toda uma série de experiências inovadoras em termos teatrais já então verificáveis.

Suas duas primeiras exigências (inversão de situações entre emissor e receptor e resposta no mesmo código do emissor) podem, antes de mais nada, ser satisfeitas por todo um setor do teatro contemporâneo para o qual não mais existe uma distinção rígida entre palco e platéia, trabalhando os atores entre os espectadores e *com* os espectadores (que assim deixam de sê-lo) e sendo por estes estimulados. Nesta situação (impossível de verificar-se no cinema, por exemplo) há uma troca entre os papéis de emissor e receptor e há também a utilização de um mesmo código, o teatral. E mesmo que o espetáculo teatral seja acadêmico, com palco e platéia bem delimitados e sem um contato entre atores e espectadores, afirmar que não há aí um processo de comunicação é exibir um conceito de comunicação este sim acadêmico e, por isso mesmo, injustificável. Qualquer modelo de comunicação atual demonstra como, se o emissor pretende realmente um contato com o receptor, pode dar-se uma troca constante de posições através do fenômeno de retroalimentação *(feedback)*, responsável por um reajustamento da posição inicial do emissor que equivale a verdadeira inversão de papéis entre este e o receptor. E esses modelos demonstram também que essa troca se faz através de um jogo entre estímulos e contra-estímulos processados num mesmo código ou através de códigos permutáveis ou traduzíveis, em tudo equivalentes ao primeiro. Parece necessário lembrar que mesmo num caso de comunicação verbal entre duas pessoas, em contato direto, as respostas nem sempre vêm no mesmo código, não sendo por essa razão que deixa de haver comunicação, tecnicamente falando. Ao discurso *verbal* de um (que Mounin parece privilegiar sobremaneira) pode opor-se o discurso *gestual* do outro: a uma fala do emissor pode responder uma mudança no comportamento corporal do receptor, como um descruzar de pernas ou um cruzar de braços, capaz de ser perfeitamente decodificado pelo emissor inicial e por este tomado como resposta. A resposta pode vir ainda num ruborizar de faces, num piscar de olhos ou numa infinidade de outros meios que não invalidam o processo de comunicação, nem o repelem para o campo da significação que, em Mounin, surge aparentemente como um campo menor. Num processo de comunicação, assim, as coisas não precisam ocorrer tão mecanicamente quanto sugere Mounin.

Sua terceira exigência, relativa à existência de um único e imutável sistema de decodificação, é talvez a mais fraca de todas. Mounin parece preso demais à noção de *identificação* (a permanência do mesmo) e dar pouco valor à *diferença* — cujo papel é particularmente destacado na informação estética. Para este tipo de informação (ao contrário do que acontece com a mensagem técnica ou científica, com a mensagem do cotidiano), o que interessa de modo muito especial é freqüentemente a infração do código, e não sua repetição. O código antigo aparece neste caso servindo apenas como base para uma nova construção levantada sobre ele e a seu redor. Sob este aspecto, não há e não pode haver mesmo uma maneira única de decodificar todas as formas teatrais ou da arte em geral. Isto não significa, no entanto, que inexiste um sistema ou estrutura central responsável pela organização da forma teatral. A presença dessa estrutura é evidente quando se pensa que a forma teatral tem uma especificidade própria capaz de fazer com que seja distinguida da forma cinematográfica ou da forma pictórica assumida pela pintura. Não há como confundir o código do teatro com o do cinema, e isto significa a permanência de um sistema de codificação do teatro capaz de prestar contas dele independentemente da forma fenomenológica por ele assumida eventualmente e que pode variar bastante, indo do modo de representação mais clássico possível até um *happening,* passando por uma infinidade de formas intermediárias. O trabalho da semiologia é exatamente o de propor um modelo para entendimento dessa estrutura central que *orienta* a leitura do teatro (ou do cinema, da gestualidade, do espaço etc.) e não propor um modo de ler (isto é, traduzir) todas as peças. Este é um objetivo perfeitamente realizável e que pode proporcionar resultados operacionais satisfatórios dentro de certos limites[3]. O que não é realizável, e que na verdade não passa pela cabeça de um semiólogo responsável, é a ambição de decodificar todas as peças ou informações estéticas de acordo com um mesmo sistema.

Na verdade, assim como a distinção entre sinal e índice sempre esteve superada pela classificação dos signos proposta por Peirce[4] (olimpicamente ignorado pelos semiólogos franceses, Mounin entre eles — caso aceite ser assim chamado), também a diferença que eventualmente ainda se insiste em estabelecer entre comunicação e significação não apenas não é proveitosa como se apresenta enquanto procedimento dispensável aos olhos de doutrinas como a peirciana. O processo de interpretação dos signos (outra denominação que, ao lado de *semiótica,* apresenta-se como mais adequado para rotular o processo de comunicação, como se verá na última seção desta obra) baseia-se no fato de que signo é aquilo que representa alguma coisa para alguém sob algum aspecto, em nada interessando saber se há ou não intenção, no signo, de comunicar ou oferecer-se à interpretação. O que interessa à semiologia é, antes, saber como se processa a interpretação do signo e qual seu alcance sobre seu receptor ou intérprete. O estudo da intenção do formulador do signo pode interessar, mas não é de modo algum determinante para o processo de interpretação: há certos tipos de, diremos por ora, significado que dispensam esse exame — como acontece, na teoria de Peirce, exatamente, com as obras de arte[5].

Há um ponto, porém, em que é impossível deixar de concordar com Mounin: aquele segundo o qual há certos tipos de combinações de signos que, se analisadas conforme o modelo lingüístico, perderão muito de seu significado. Mesmo aqui, no entanto, não há razão para muita inquietação pois, mesmo à época em que Mounin redigia seu texto, já havia uma "semiologia da comunicação" (ou

3. Ver, deste autor, *Em cena, o sentido,* São Paulo, Duas Cidades no prelo.
4. Cf. a seção seguinte.
5. Cf., adiante, a descrição do Interpretante Emocional.

simplesmente, semiótica) suficientemente desenvolvida: a proposta por Peirce, mais uma vez. Modificada e complementada (como sugerido na Discussão correspondente a essa seção), esta doutrina é capaz de proporcionar resultados satisfatoriamente operacionais relativos a ampla gama de processos de interpretação de signos, tanto os de "comunicação" quanto os de "significação".

2. A DIMENSÃO POLÍTICA DO SIGNO

Como se deve ler um signo num texto, qualquer que seja o signo e o texto? Numa pintura, por exemplo, a partir do que se procede à decodificação de determinado signo? Sobre ou contra o que é feita a leitura desse signo? Num ensaio dedicado à leitura da pintura, Jean-Louis Schefer[6] segue uma linha freqüentemente adotada em semiologia, segundo a qual os signos não são lidos em si mesmos mas sim "declarativamente", isto é, na relação mantida com o texto que os enuncia. Em outras palavras, isto equivale a dizer que o significado de cada um dos signos está contido no texto dentro de cujas fronteiras vêm esses mesmos signos formulados: é a partir do texto (da própria pintura) e dentro dos limites (ainda que ampliados) desse texto que o signo será lido, revelando o sistema responsável por sua construção e combinação com os outros signos.

Em "La lecture transversale", Richard Damarcy[7] propõe um caminho diverso. Ocupando-se com o teatro, indaga Demarcy a respeito do modo pelo qual pode o espectador passar para o plano do significado, fugindo do brilho (às vezes, fácil) dos significantes. Para Demarcy, o isolamento de um signo e a leitura de seu significado somente se apresentam como possíveis ao relacionar-se o signo com a sociedade, apenas podem verificar-se quando o signo for lido *a partir da sociedade*. Para chegar a esta colocação e à formulação de seu método de leitura, Richard Demarcy toma como ponto de partida um texto de R. Barthes ("L'imagination du signe", in *Essais critiques*) onde são descritos três tipos de consciência: a simbólica, a paradigmática e a sintagmática. É esta última aquela normalmente utilizada em muita análise semiológica, e é ela sem dúvida que está na base do modo de leitura proposto por Schefer; é ela que propõe a leitura do sentido como algo a ser feito *dentro* da

---
6. *Scénographie d'un tableau* Paris, Seuil, 1969.
7. In *Eléments d'une sociologie du spectacle*. Paris, UGE, 10/18, 1973. (Inserido na coletânea *Semiologia do teatro*, São Paulo, Perspectiva, 1978).

obra, dentro do texto oferecido, nos limites da relação ou combinação do signo com os signos vizinhos — donde seu nome de "consciência sintagmática" ou consciência da combinação dos signos.

Demarcy, no entanto, privilegia a primeira dessas "consciências", a simbólica — aquela que estabelece a leitura do signo como algo que deve ser feito através de seu relacionamento com a sociedade, a consciência que, para ler o signo, retira-o da obra. Esta retirada do signo das fronteiras do texto constitui aquilo que em Demarcy recebe o nome de *leitura transversal,* oposta ao modo tradicional de leitura, o horizontal, no qual o espectador se entrega à obra, fica preso ao desenrolar da ação, aguarda com impaciência o desenlace final[8]. Fugindo ao universo fechado da obra, a extração do signo é seguida pelo relacionamento deste com a cultura e a sociedade que o engendraram, examinando-se o lugar e a função por ambas atribuídas ao signo. Esta operação equivaleria ao ato de encontrar a "dimensão profunda do signo", seu "peso histórico". Nesta visão, um signo só tem significado através da sociedade e de sua história; é esta que se infiltra no signo, e é dela que o signo retira sua carga de denotação e conotação. Assim como pretendeu Brecht antes de Demarcy, não se trata de permanecer ao nível do texto, do espetáculo teatral no caso: diante deste e de seus signos, e tendo-se colocado a questão preliminar "o que é?" o espectador deverá fazer-se uma outra pergunta: "o que é esse objeto na realidade, do que é reflexo?" Levantando-se estas questões, e respondendo-as, será descoberta a ideologia da obra sob análise, sua verdadeira temática, a visão de mundo oferecida (quase sempre de modo encoberto) pelos signos.

Para muita semiologia que se pretende científica (*i.e.*, aquelas que se dizem, a partir de seu modo de ver, isentas de uma prática ideológica), a leitura dos signos geralmente se faz através das posições ocupadas por eles e das oposições entre eles estabelecidas, utilizando-se o processo daquilo que Barthes denominou de "consciência paradigmática" e "consciência sintagmática" do signo. O texto (uma pintura, um filme, uma cena teatral, uma peça musical) apresenta-se como um cosmo fechado cujo significado resulta desse jogo permutativo entre posições e oposições: a consciência paradigmática procedendo à seleção (e à explicação dessa seleção) dos signos e a consciência sintagmática efetuando (e depois explicando) a combinação

---

8. É evidente a analogia entre essa proposta e a observada na do «efeito-V», ou distanciamento, brechtiano. Afinal, Demarcy não é homem de teatro impunemente...

entre eles. No modelo de Demarcy, no entanto, estas duas "consciências" intervêm apenas a título de *ancoragem* do significado[9]. Com elas, o que se faz é apenas assegurar uma área de significado possível para um signo, excluindo-se outras. Isto não significa que não tenham um lugar na análise semiológica; pelo contrário. Apenas, não são suficientes. O método de leitura tem de apresentar-se como um método de ida e volta. Num primeiro momento, confronta-se o signo isolado com a sociedade que o formulou, obtendo-se seu significado em relação a esse social; por exemplo, vermelho = revolução. Num segundo momento da leitura, procura-se confirmar esse significado no universo da obra, o que é feito relacionando-se esse signo com os demais presentes no texto, identificando entre eles traços de afinidade ou de oposição, observando sentidos comuns, descobrindo a permanência de um significado através de significantes variados. E nesta operação estão presentes a consciência paradigmática e a sintagmática confirmando, ao nível da coerência interna da obra, o sentido validado pela consciência simbólica. Há, portanto, uma relação de complementação entre as três consciências e os dois modos de leitura do signo, sendo a utilização de um destes em detrimento do outro (seja qual for o suprimido) aquilo que faz a análise mancar, que mutila a leitura. Os significados isolados pela leitura meramente paradigmática/sintagmática são aqueles que a "consciência simbólica" já poderia ter proposto desde o início; por outro lado, esta vai precisar daquela para ratificar, a nível da obra, os significados propostos, evitando com isto escapar para o social e o político e desprezar, por exemplo, o estético.

A proposta de Demarcy tem o mérito de reinstalar o político e o ideológico no seio do signo e da semiologia. Uma primeira semiologia procurava exatamente desenvolver um discurso supostamente isento dos compromissos ideológicos. Propondo-se, nesse sentido, asséptica, começava por eliminar as várias maneiras de existência do fenômeno *signo* (entre elas a ideologia e a prática política[10] do signo) a fim de atingir seu centro, seu âmago puro e imutável. Esse trabalho que a semiologia se propunha, no entanto, era na verdade uma operação de eliminação do signo, pois o signo é, em última instância, signo sempre de uma ideologia e para uma ideologia, sendo apenas dentro desta que ele tem sentido, que seu significado pode ser

---

9. Nos termos da semiótica de Peirce, como se verá adiante, esta seria a etapa da determinação do Sentido, cujo alcance efetivo, na prática, sobre o sujeito, somente será dado pela delimitação do Significado e da Significação.

10. Entendendo-se por prática política a transformação das relações sociais *dadas* em novas relações sociais *produzidas*, através de instrumentos políticos.

percebido. Não se pode deixar de partir, aqui, da idéia de que — sob um ponto de vista semiológico — a função primeira da ideologia é afogar o significado dos signos em falsos significados, é apresentar como "evidente" algo que está longe de sê-lo, como sugere R. Barthes em suas *Mitologias*. Admitido isto, não é legítimo contornar o nível do ideológico na análise do signo.

Há outras concepções de "ideologia" que enfatizam a necessidade de detalhamento deste nível de significação do signo. É possível descrevê-la por exemplo, como faz Eliseo Veron[11], como um modo de investimento de significados sobre os signos. Para Louis Althusser, a ideologia apresenta-se como um sistema de representações (portanto, de signos) dotado de existência e papel históricos numa sociedade. Para Umberto Eco[12], a ideologia surge como um mascaramento (logo, signo) teórico, com pretensões de objetividade científica, das relações sociais concretas. Ou ainda como uma mensagem (signo) que, partindo de uma descrição fatual, tenta a justificação teórica dessa descrição e que a sociedade integra como elemento de código. Por mais que se possa discutir essas descrições da ideologia, bastam elas para pôr em evidência que a leitura ideológica do signo acaba por colocar-se como condição de validação de toda prática semiológica. Sob esse aspecto, R. Barthes[13] observa que esboça-se mesmo uma nova ciência lingüística que não mais se limitará ao estudo da origem da palavra, à sua etimologia ou lexicologia, mas que se ocupará com os progressos de sua solidificação, seu trabalho de desenvolvimento ao longo do discurso histórico — numa operação que, ainda segundo Barthes, conferiria a essa nova lingüística, em relação à tradicional, uma atuação realmente subversiva, isto é, criadora. Recusar essa saída é promover a *recuperação* da semiologia. Recuperação? Sim: aquilo que se apresentava como possibilidade de uma atividade desmistificadora (como em *Mitologias,* onde a leitura do signo é feita sempre sobre o fundo do político) acaba sendo levado a uma posição de reforço daquilo que se pretendia combater. Foi o que, de certo modo, aconteceu com a Teoria da Informação: de instrumento de desmontagem e revelação dos efeitos verificados durante um processo de comunicação, acabou transformando-se em método de velação desses mesmos efeitos desde que passou a ser encarada como espinha dorsal de todo um sistema e processo de propa-

---

11. «Sémiosis de l'idéologie et du pouvoir», *Communications* 28, Paris, Seuil, 1978.
12. *Le forme del contenuto*, Milão, Bompiani, 1972.
13. *Le plaisir du texte*, Paris, Seuil, 1973.

ganda que recusa a visão crítica e autocrítica. Ao invés de elucidar, obscurece — num movimento onde aparecem agora aquilo que J. L. Calvet[14] chama de *semiotetas:* manipuladores políticos, recuperadores de uma semiologia que, ao invés de resultar de uma dialética entre as três "consciências", é reduzida à condição de ocupante de apenas parte desse domínio, o da paradigmática/sintagmática.

Dentro dos limites deste, há muito pouco a fazer. O máximo a que se pode chegar neste nível é a posição de um Tchakotin, como lembra ainda Calvet, para quem era possível derrotar a cruz gamada de Hitler opondo-lhe as três flechas socialistas. Responder signicamente ao signo, bem como ser signicamente o signo — *i.e*, deixar de retirar transversalmente o signo do texto para relacioná-lo com a sociedade — não é proceder ao trabalho real da semiologia, cujo objetivo é a desconstrução do signo. Não se trata de relacionar signos, de opô-los, mas de deixar suas tripas à mostra. Se não se pretende tanta violência, é possível assumir a posição esboçada por Barthes em *Le plaisir du texte*[15], onde o caminho da semiologia não surge tanto como destruição mas, de qualquer modo, como busca de um "termo excêntrico", isto é, de um termo fora do centro ocupado pela análise paradigmática/sintagmática. Apenas nestas atividades de desconstrução ou descentramento, seja como for, é que se poderá postular a existência de uma prática semiológica cuja finalidade não é apenas ler o signo mas, através disso, instaurar o homem numa nova relação com o mundo. A atuação ao nível do signo — mesmo através da "consciência simbólica" — de fato não altera de imediato o mundo (embora Lacan afirme que falar é fazer). Mas não se pode dispensar facilmente, como inadequada, a idéia de que essa atuação se apresenta como dispensável ou inútil.

14. R. *Barthes: un regard politique sur le signe*, Paris, Payot, 1973.
15. Edição brasileira pela Ed. Perspectiva sob o título *O prazer do texto*.

2. SEMIÓTICA: CHARLES S. PEIRCE

1. SEMIÓTICA E FILOSOFIA

Se a redução operada quando da descrição dos dois modelos anteriores da semiologia já foi consideravelmente grande, aquela que ora se processará, na tentativa de apresentar a semiótica de Peirce[1], será simplesmente abismal. Para se ter uma idéia pelo menos quantitativa da redução a ser feita, basta lembrar que de Saussure não se tem nenhuma obra propriamente dita mas apenas a publicação de seu curso de lingüística geral tal como aparece nas notas de alguns de seus alunos; e que o número das obras de Hjelmslev não é superior a uma meia dúzia. Em relação

1. Norte-americano, 1839-1914.

a Peirce, no entanto, chega-se a perder a própria noção de medida: seus manuscritos cobrem cerca de 70.000 páginas — além dos que se perderam — e destas pelo menos umas 10.000 páginas são consideradas de relevante importância filosófica e fundamentais na obra do autor. Pretender resumir tudo isso a duas ou três dezenas de páginas poderia ser tomado como índice de insanidade do pretendente a tão estranha tarefa, além de ser causa de justificável riso irônico — não fosse o fato de que os estudos de Peirce, para os não-iniciados, exigem um fio de linha mínimo permitindo a entrada num labirinto de textos que continuamente se reproduzem e se sobrepõem a fim de aperfeiçoar-se. A descrição que se seguirá, portanto, não abordará mais do que os primeiros centímetros desse fio e procurará justificar-se dentro dessa dimensão.

Antes de chegar ao modelo da semiótica peirciana há ainda uma outra observação necessária a fazer. Louis Hjelmslev procurava a todo custo formular um instrumento de análise do problema do sentido que estivesse isento de todo tipo de preocupações e métodos que não fossem estritamente lingüísticos: em seu modelo não deveria haver traços de filosofia, sociologia, psicologia. Pode-se dizer que a teoria de Charles Sanders Peirce (nascido em Cambridge, Mass., EUA, em 1839 e morto em 1914) é exatamente oposta à de Hjelmslev na medida em que uma teoria do sentido só pode existir no meio de um corpo filosófico maior — não sendo mesmo inadequado afirmar que a semiótica de Peirce é uma filosofia. Sendo este o caso, estudar e aplicar seu modelo semiótico sem conhecer as bases filosóficas que o enformam é um empreendimento que corre o risco de passar à margem da verdadeira dimensão do objeto abordado e de transformar-se, de tentativa de compreensão da questão do sentido, em exercício de desentendimento. Chamando a atenção para a necessidade de uma passagem pela filosofia de Pierce[2], serão dadas a seguir algumas pistas simples para a configuração do quadro maior em que se encaixa sua semiótica.

Talvez um modo de começar seja através da distinção, na teoria peirciana, entre *semiótica geral* e *semiótica especial*[3]. Por semiótica geral deve-se entender aquela par-

2. Necessidade que pode ser pelo menos em parte razoavelmente satisfeita pela leitura de sua *Semiótica* (São Paulo, Perspectiva, 1977).
3. Como sugere Joseh Ransdell, «Some leadind ideas of Peirce's Semiotic», *Semiotica* 19 — 3/4 — 1979.

te da filosofia que abrange campos como os cobertos pelas designações Lógica, Filosofia da Lógica, Filosofia da Ciência, Epistemologia ou Teoria do Significado. O objetivo de Peirce era aqui o de dar uma unidade às, aparentemente diversificadas, questões tratadas por essas disciplinas através de uma abordagem capaz de encarar todas elas em termos de uma concepção genérica única e das distinções dela derivadas: a concepção do pensamento como um processo de interpretação do signo com base numa relação triádica entre signo, objeto e interpretante (a seguir descritos).

Esta semiótica geral, no entanto, apresentava-se como uma espécie de teoria de fundação para uma outra ciência por Peirce chamada de "psíquica" (tal como se fala na ciência da física ou da química) ou "ciência psíquica" ou ainda "psicognose" e que recebe os nomes talvez mais adequados, aos tempos atuais, de "ciência da semiótica" ou "semiótica especial".

Recordando que a palavra grega *psyche* é um termo que representa o princípio da vida nos seres viventes em geral, Peirce apresentava sua "psíquica", ou semiótica especial, como uma ciência preocupada com os fenômenos mentais, ou com as leis, manifestações e produtos da mente. Ressaltando que, em Peirce, termos como "mente" ou "pensamento" devem ser encarados numa perspectiva mais ampla ("mente" pode ser entendido como "semiose", ou processo de formação das significações; "pensamento" pode ser substituído por termos como "signo" ou "símbolo" ou "interpretante"), seu método consistia em desenvolver uma concepção da mente derivada de uma análise do que está implícito na tendência humana para a procura da verdade. E para ir mais adiante é necessário entender o que Peirce concebia como "verdade". Uma descrição de sua concepção de "verdade" poderia dizer que, para Peirce, a "verdade" apresentava-se como uma atividade (dirigida para um objetivo) capaz de permitir a passagem de um estado de insatisfação para um estado de satisfação.

Dessa atividade cabe dizer que ela surge como normal no homem, sendo mesmo um motor de seu comportamento. Pode-se falar, no entanto, numa atividade de busca da "verdade" que tenha consciência de si mesma e seja capaz de constantemente promover sua autocrítica. Este tipo de atividade é a que merece, de Peirce, o nome de ciência (ciência psíquica ou semiótica especial), da qual se pode dizer ainda que tem um *método* ou *lógica* diverso do utilizado pela atividade "comum" de busca da verdade. Esta atividade "comum" serve-se de uma lógica (ou método) natural para cuja designação Peirce utiliza a terminologia medieval *logica utens,* ou lógica-em-uso. Esta é instintiva no homem e permite a satisfação das necessidades mais básicas. No entanto, quando tais necessidades revelam-se de uma ordem superior, a *logica utens* apresenta-se como base, indispensável, para uma lógica mais complexa ou *logica docens,* uma lógica que pode ser ensinada e que significa um método teoricamente desenvolvido de buscar a "verdade". Aquela ciência psíquica ou semiótica especial pode então, agora, receber a designação simples de Lógica; como o próprio Peirce reconheceu, Lógica era apenas um outro nome para Semiótica, e vice-versa.

Este entendimento filosófico da Semiótica como Lógica está ancorado no quadro de uma corrente de pensamento por Peirce denominada de Pragmaticismo. Os textos de Peirce trazem constantes reformulações e exemplificações do que entendia o autor por pragmaticismo, de modo que tentar definir ou mesmo descrever em poucas palavras este sistema de pensamento é outra daquelas tarefas cujo risco menor é distorcer sua concepção inicial. Em todo caso, pode ser lembrado que Peirce inicialmente dizia-se adepto do pragmatismo, termo por ele posteriormente substituído por "pragmaticismo", de sua cunhagem, já que ele passou a discordar dos pragmatistas iniciais. Esse pragmatismo inicial pode ser descrito como sendo[4]: a) um modo específico de pensar baseado no "método das minúcias"; b) a adoção do evolucionismo de Darwin como modelo de explicação da origem das espécies; c) a adoção de uma psicologia naturalista em que o pensamento surge como função do organismo vivo, devendo-se observar, no entanto, que os conceitos de "mente" e "pensamento" em Peirce não se limitam apenas ao pensamento humano, podendo ser estendidos tanto a formas primitivas de vida como a esses dispositivos que hoje recebem o nome de "inteligência artificial"; d) a obediência aos princípios científicos do experimentalismo, que se baseia nas evidências e provas colhidas através de um exame "objetivo" passível de ser reproduzido e, por sua vez, controlado experimentalmente.

Posteriormente, esse quadro foi de certo modo corrigido quando Peirce sugeriu as bases de seu pragmaticismo. Recomendando a leitura, de modo particular, de "O que é o pragmatismo"[5], reteremos por ora desta teoria (por estar diretamente vinculada à questão do signo) a concepção se-

4. Cf. Introdução de L. Hegenberg e O. S. Mota in Ch. S. Peirce, *Semiótica e filosofia,* São Paulo, Cultrix, 1972.
5. Cf. Peirce, *Semiótica,* op. cit.

gundo a qual: 1) fenômenos experimentais são os únicos capazes de afetar a conduta humana; 2) a soma dos fenômenos experimentais implicados numa proposição constitui o alcance dessa proposição sobre a conduta humana; 3) o significado dessa proposição é exatamente essa soma de fenômenos experimentais.

Como foi observado de início, esta não é nem uma pálida imagem do quadro filosófico implicado na teoria de Peirce. Mas talvez seja o bastante para, pelo menos, situar a semiótica num contexto inteiramente diverso daquele em que se situava a semiologia em Saussure e, particularmente, Hjelmslev. Enquanto neste caso a semiologia apresentava-se como sistema fechado em si mesmo, "puro", isento daquilo que Hjelmslev designava como "contaminações transcendentais", a semiótica alimenta-se de uma filosofia transcendentalista que vai procurar nos efeitos práticos, presentes ou futuros, o significado de uma proposição, ao invés de ir procurá-lo num jogo de relações internas do discurso.

Estas observações são assim suficientes — e encontram nisto sua maior justificação — para mostrar que é totalmente inadequado, como ainda fazem alguns, dizer simplesmente que "semiologia" é a designação que o estudo do significado recebe na Europa e que "semiótica" é o nome pelo qual esse estudo é conhecido nos Estados Unidos. Embora de fato tanto uma quanto outra estudem a questão do significado, elas nada mais têm em comum e portanto não se trata apenas de uma terminologia diferente: diversos são os métodos e as perspectivas. A respeito, cabe lembrar que Peirce afirmou ser da responsabilidade de quem propõe uma nova teoria ou um novo conceito dar-lhes um nome específico capaz de distingui-los de outras teorias e conceitos, sendo a partir de então um dever dos demais pesquisadores e estudiosos respeitar esse nome caso não efetuem, nessas teorias e conceitos, modificações que lhes alterem a natureza — quando então deveriam propor um novo nome. Assim, cabe observar que semiologia não é exatamente um sinônimo de semiótica, do mesmo modo como esta última designação não recobre todo e qualquer tipo de operação com o significado. Sob esse aspecto, "semiótica" deveria ser guardada para indicar apenas a teoria de Peirce, usando-se para as demais, em caso de dúvida ou de insuficiência de dados, a designação genérica de "semiologia".

É possível agora, embora sobre provisória base, passar ao levantamento de um diagrama mínimo da *Semiótica* ou *doutrina formal dos signos*.

2. SIGNO

2.1 Conceito de signo

Um signo (ou *representamen*), para Peirce, é aquilo que, sob certo aspecto, representa alguma coisa para alguém. Dirigindo-se a essa pessoa, esse primeiro signo criará na mente (ou semiose) dessa pessoa um signo equivalente a si mesmo ou, eventualmente, um signo mais desenvolvido. Este segundo signo criado na mente do receptor recebe a designação de *interpretante* (que não é o intérprete), e a coisa representada é conhecida pela designação de *objeto*. Estas três entidades formam a *relação triádica de signo* que, com base numa proposta de Ogden & Richards[6], pode ser graficamente representada:

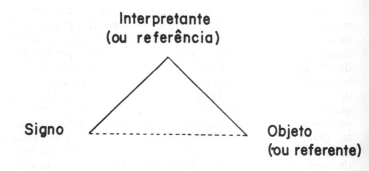

No grafo acima, observa-se que as linhas unindo o signo ao interpretante ou este ao objeto são diferentes da que liga este ao signo. Isto pode ser explicado dizendo-se que, de um lado, entre interpretante e signo há relações causais. O signo utilizado é em parte causado pela referência feita e em parte por fatores sociais e psicológicos constatáveis através dos efeitos causados pelo signo sobre a atitude do receptor e de terceiros. Também entre o Interpretante e o Objeto há uma relação, mais ou menos direta — como quando se presta atenção a uma árvore, por exemplo,

6. G. K. Ogden e I. A. Richards, *O Significado de significado*, Rio de Janeiro, Zahar, 1972.

dentro do campo de visão — ou indireta, como quando "pensa-se sobre" uma figura histórica qualquer cujos atos são relatados por interpostas pessoas, como uma testemunha da época e o historiador. Entre o Signo e o Objeto, no entanto, não há relações pertinentes; por exemplo, entre uma casa qualquer vista com meus olhos e o signo /casa/, por mim utilizado para designá-la, não há nenhuma relação causal ou de obrigatoriedade: nada liga uma coisa a outra.

Deve-se observar, no entanto, que para certos tipos de signos (como o ícone e o índice, a seguir descritos) haverá uma relação direta entre signo e objeto, quando então a linha unindo estas duas entidades também poderá apresentar-se igual às duas outras. Aliás, esse triângulo pode mesmo apresentar-se sempre com as três linhas iguais (todas cheias) se se pensar, como se verá mais adiante, que dificilmente um tipo de signo deixa de estar marcado pela presença de outro ou outros, circunstância em que passaria a haver alguma relação direta entre signo e objeto a justificar a linha cheia.

Em virtude dessa relação triádica de signo, vale observar que a Semiótica pode dividir-se em três ramos. Caberia a uma *gramática pura* determinar o que deve ser verdadeiro quanto ao signo para que este possa veicular um significado. O segundo ramo é o da *lógica* propriamente dita, ou o estudo do que é verdadeiro em relação ao signo para que este possa aplicar-se a um *objeto*. *Retórica pura* é o terceiro ramo, cujo objetivo é estudar as leis pelas quais um signo dá origem a outro e um pensamento provoca outro.

2.2 *Divisão dos signos*

Embora Peirce tenha proposto a existência de dez tricotomias e sessenta e seis classes de signos, serão descritos a seguir apenas três tricotomias e dez classes, não apenas porque estas surgem como inicialmente suficientes para uma análise semiótica como, principalmente, pelo fato de nunca terem sido essas tricotomias e classes adicionais suficientemente detalhadas pelo próprio Peirce.

A primeira dessas três tricotomias diz respeito ao signo em si mesmo; a segunda é estabelecida conforme a relação entre o signo e seu objeto, e a terceira diz respeito às relações entre o signo e seu interpretante. Embora isto inverta a ordem original seguida por Peirce, inicialmente virá a descrição da segunda tricotomia, não apenas por ser a mais conhecida como porque, sendo de mais fácil apreensão, facilita a compreensão das outras duas.

2.2.1 Ícone, índice, símbolo

A segunda tricotomia, relativa às relações (ditas semânticas) entre o signo e seu objeto, propõe uma divisão dos signos em *ícone, índice* e *símbolo*.

Ícone é um signo que tem alguma semelhança com o objeto representado. Exemplos de signo icônico: a escultura de uma mulher, uma fotografia de um carro, e mais genericamente, um diagrama, um esquema.

Índice é um signo que se refere ao objeto denotado em virtude de ser diretamente afetado por esse objeto. O signo inicial tem alguma qualidade em comum com o objeto e, assim, não deixa de ser um certo tipo de ícone, um ícone especial, embora não seja isto que o torna um signo mas, sim, o fato de ser modificado pelo objeto. Ex.: fumaça é signo indicial de fogo, um campo molhado é índice de que choveu, uma seta colocada num cruzamento é índice do caminho a seguir; são índices, ainda, um pronome demonstrativo, uma impressão digital, um número ordinal.

Símbolo é um signo que se refere ao objeto denotado em virtude de uma associação de idéias produzida por uma convenção. O signo é marcado pela arbitrariedade. Peirce observa que o símbolo é de natureza geral, tanto quanto o objeto denotado; mas, como aquilo que é geral deve existir também nos casos determinados, pode-se dizer que esses casos indiretamente afetam o símbolo, razão pela qual há no símbolo uma certa espécie de índice. Mesmo assim, a razão da existência do símbolo não deve ser procurada nessa afetação, mas em seu caráter convencional, arbitrário. Ex.: qualquer das palavras de uma língua, a cor verde como símbolo de esperança etc.

Estabelecendo o signo como gênero do qual ícone, índice e símbolo são espécies, o modelo de Peirce apresenta-se como mais satisfatório e coerente do que as demais propostas, incompletas quando comparadas com a de Peirce e que davam margem a uma série de mal-entendidos com relação ao sentido dos termos utilizados. Para Saussure, por exemplo, o signo lingüístico era exemplo de signo arbitrário, sendo que em sua teoria não era possível utilizar a palavra *símbolo* para designar o signo lingüístico porque o símbolo nunca era completamente arbitrário. Dava como exemplo o símbolo da justiça, a balança, que em sua opinião nunca poderia ser substituída "por outro objeto qualquer". Observando de passagem que seu modelo tinha ainda o inconveniente de permitir que o termo "objeto" aparecesse em lugar do termo "signo" — confusão evitada por Peirce uma vez que signo e objeto são duas entidades distintas — deve-se ressaltar que não há vestígio, na doutrina de Saussure, de estudos mais aprofundados sobre a natureza do signo e do símbolo que pudessem tornar convincentes suas descrições de ambos. Assim, diante da força da coerência interna da teoria de Peirce, torna-se mais adequado, senão imperioso, aceitar com Peirce que o signo lingüístico é um signo do tipo simbólico exatamente porque é arbitrário. Por outro lado, mesmo reconhecendo uma certa proximidade entre a idéia de Saussure, segundo a qual o símbolo nunca é completamente arbitrário, com a noção de Peirce, para quem o símbolo de algum modo contém um índice, será necessário admitir com Peirce, como já foi exposto, que não é a afetação do símbolo pelo índice que o torna um símbolo mas, sim, seu caráter convencional. Ainda um outro aspecto: o modelo de Saussure, ou o de Hjelmslev, tampouco previa claramente (embora isso fosse insinuado pelo conceito saussuriano de símbolo) a existência de signos com funções mistas (ícone e símbolo, simultaneamente, ou símbolo e índice), como se verá a seguir.

Uma outra designação que pode ser afastada, com vantagens, por esta tricotomia dos signos de Peirce, é a de *sinal*. Alguns entendiam o sinal como uma espécie de signo espontâneo (ex.: a fumaça significando fogo), reservando o termo *signo* para as tentativas intencionais de significar (as palavras, por ex.). Já na concepção de Luis Prieto, o sinal foi entendido como "índice artificial" que se utiliza de um signo para significar. Esta complicação conceitual não se justifica uma vez que, recorrendo-se ao esquema de Peirce, tem-se tipos específicos de signos que cobrem esses aspectos: *índice* para o caso de um "signo espontâneo" como a fumaça, *índice* ainda se se pretende denominar uma seta intencionalmente colocada num corredor, símbolo para os "signos artificiais" etc.

Antes de passar a uma outra tricotomia dos signos, será adequado observar, primeiro, que a entidade funcionando como signo pode exercer simultaneamente (e normalmente o faz) as três funções semióticas: a icônica, a indicial e a simbólica, não sendo sempre muito simples a tarefa de determinar qual delas predomina — problema que, de resto, não fica mais fácil (pelo contrário) quando se recorre ao termo *sinal* ou se apresenta o símbolo como estando ao lado do signo (exercendo, cada um, funções diferentes), ao invés de apresentá-lo como espécie de signo, como faz Peirce.

Em segundo lugar, é necessário destacar que a noção de *símbolo* apresenta-se, em Peirce, sob formas mutáveis. Do símbolo foi dito que se tratava de signo por convenção. Nos textos de Peirce há, no entanto, passagens em que o fato de um representamen assumir a função de símbolo é algo que depende "de um hábito, convenção ou disposição natural". Este último determinante do símbolo poderia levar a falar-se na existência de símbolos naturais, ao lado dos convencionais. Assim, tem-se aceito como descrição mais pertinente do símbolo aquela em que Peirce o apresenta como um representamen cuja significância especial (*i.e.*, aquilo que faz de um signo um símbolo e não um ícone ou índice) reside no fato de existir um hábito, disposição ou qualquer outra norma a fazer com que esse signo seja sempre interpretado como símbolo. Em outras palavras ainda, nada seria responsável pelo fato de um signo ser um símbolo a não ser a disposição das pessoas de interpretá-lo como tal.

2.2.2 Qualissigno, sinsigno, legissigno.

Esta é, na verdade, a primeira tricotomia dos signos proposta por Peirce, aqui invertida por acreditar-se que a passagem inicial pela segunda tricotomia colabora na compreensão desta e da terceira.

Na tricotomia anterior, a segunda, o signo foi considerado conforme as relações que mantém com seu objeto (relações de semelhança, determinação existencial ou convencionalidade). A primeira tricotomia diz respeito ao signo considerado em si mesmo, entre cujas características criam-se relações sintáticas. Esta recobre três espécies de signos: qualissigno, sinsigno e legissigno.

Por *qualissigno* entende-se uma qualidade que é um signo. Ex.: uma cor.

Um *sinsigno* é uma coisa ou evento existentes, tomados como signo. Ex.: um cata-vento, um diagrama de alguma coisa em particular. O *sin* inicial de sinsigno indica que se trata de uma coisa ou evento singular, no sentido de "uma única vez". Observa Peirce que um sinsigno só pode existir através de qualidade, razão pela qual ele envolve um ou vários qualissignos.

Já o *legissigno* (de *legi,* lei) não é uma coisa ou evento singular, determinada, mas uma convenção ou lei estabelecida pelos homens. Ex.: as palavras.

2.2.3 Rema, dicissigno, argumento.

A terceira tricotomia considera o signo em relação ao interpretante, podendo-se falar em relações pragmáticas de signo.

Um *Rema* é um signo que para seu interpretante funciona como signo de uma possibilidade que pode ou não se verificar. Uma palavra isolada, como *vermelho,* pode funcionar como rema (do grego *rhema,* palavra).

Um *dicissigno,* ou *dicente,* é um signo de fato, signo de uma existência real. Correspondendo a um *enunciado,* envolve remas na descrição do fato. Um sintagma como *Este vermelho está manchado* pode funcionar como dicissigno.

Um *argumento* é um signo de razão, um signo de lei, correspondendo a um juízo. Um silogismo do tipo "A é B, B é C, portanto A é C" é exemplo de argumento.

2.3 *Categorias dos signos: primeiridade, secundidade, terceiridade*

Estas três tricotomias de signos foram reunidas por Peirce em três correspondentes categorias, denominadas primeiridade, secundidade e terceiridade.

A primeiridade recobre o nível do sensível e do qualitativo, e abrange o ícone, o qualissigno e o rema.

A secundidade diz respeito ao nível da experiência, da coisa ou do evento: é o caso do índice, do sinsigno e do dicissigno.

A terceiridade refere-se à mente, ao pensamento, isto é, à razão: cobre o campo do símbolo, do legissigno e do argumento.

| DIVISÃO DOS SIGNOS ||||
Categoria	O signo em relação a si mesmo	O signo em relação ao objeto	O signo em relação ao interpretante
Primeiridade	qualissigno	ícone	rema
Secundidade	sinsigno	índice	dicissigno
Terceiridade	legissigno	símbolo	argumento

2.4 Classes de signos

As três tricotomias acima descritas, quando combinadas, produzem uma segunda divisão dos signos em dez classes distintas:

1. *Qualissigno:* é uma qualidade tomada como signo. Ex.: sensação de "vermelho". Sendo uma qualidade só pode significar um objeto tendo com este alguma semelhança; portanto, é um ícone. E considerando que uma qualidade é uma mera possibilidade lógica, só pode ser interpretada enquanto rema. Portanto, esta é a classe do *qualissigno icônico remático.*

2. *Sinsigno icônico:* é uma coisa ou evento da experiência cujas qualidades fazem com que signifique um objeto. Ex.: o diagrama de uma árvore. Tendo semelhança com o objeto, é um ícone (envolve, pois, um qualissigmo) e, como no primeiro caso, é interpretado através de um rema: *sinsigno icônico remático.*

3. *Sinsigno indicial remático:* coisa ou evento da experiência que chama a atenção para um objeto (deste funcionando como signo) pelo qual sua presença é determinada. Ex.: um grito como signo de dor. Também interpretado através de um rema, envolve um sinsigno icônico.

4. *Sinsigno dicente:* objeto ou evento da experiência que funciona como signo de algo que o afeta diretamente — o que faz com que seja um índice. Ex.: cata-vento. Só dá informações sobre fatos concretos e materiais. É uma classe onde combinam-se dois tipos de signos: um Sinsigno Icônico, para materializar a informação, e um Sinsigno Indicial Remático (como no caso anterior) para indicar o objeto. Max Bense[7] apresenta esta classe como sendo a do

7. *Pequena estética,* São Paulo, Perspectiva 1971.

sinsigno indicial dicente, mas fazer isto é suprimir o Sinsigno Icônico observado por Peirce, razão pela qual é melhor dá-la como sendo a classe dos *sinsignos dicentes* em geral.

5. *Legissigno Icônico:* é uma lei ou convenção que se apresenta como signo de algo. Ex.: um diagrama genericamente considerado, sem estar ligado a alguma coisa em particular. Neste caso é um ícone, a ser interpretado como rema: *legissigno icônico remático*.

6. *Legissigno indicial remático:* é uma lei a requerer que cada um de seus casos seja afetado pelo objeto correspondente, de modo a atrair a atenção para este. Ex.: um pronome demonstrativo. Este legissigno será pois um índice, e seu interpretante é um rema.

7. *Legissigno indicial dicente:* é uma lei cujos casos são afetados por seu Objeto de modo a dar uma informação sobre esse objeto. Por ex.: uma placa de trânsito com um E inscrito num círculo vermelho significa que ali onde ela está fincada "é permitido estacionar". Trata-se portanto de uma convenção que indica uma coisa concreta e localizada, e cujo significado não é apenas uma palavra mas um enunciado.

8. *Legissigno simbólico remático* (símbolo remático ou rema simbólico): signo que representa seu objeto através de uma convenção. Como este símbolo é de tipo geral, é um legissigno; é remático por fazer parte de um enunciado maior. Ex.: qualquer palavra do dicionário.

9. *Símbolo dicente:* signo que representa seu objeto através de uma convenção e que é interpretado sob a forma de um enunciado. Qualquer proposição do tipo "A é B" é exemplo de símbolo dicente. É um legissigno: *legissigno simbólico dicente*.

10. *Argumento:* signo que representa seu objeto através, em última análise, das leis de um silogismo ou das leis segundo as quais a passagem de certas premissas para certas conclusões tende a ser verdadeira. Ex.: toda argumentação do tipo "A é B, B é C, portanto A é C". Utiliza-se de símbolos e, sendo lei, é legissigno: *legissigno simbólico argumental*.

Estas classes permitem a volta ao que já foi observado em relação às três funções semióticas do signo. É que, como se vê, um mesmo signo pode ser, simultaneamente, icônico e simbólico, por exemplo, ou, melhor dizendo, pode participar de mais de uma tricotomia simultaneamente: sinsigno icônico, legissigno icônico, legissigno indicial. De fato, é sob esta forma mista que os signos mais freqüentemente se apresentam, o que nem sempre torna a tarefa de identificar o tipo de signo num dado discurso em algo simples e imediato.

É dado abaixo um quadro-resumo das classes de signos, onde cada classe é dada apenas em sua denominação simplificada e bastante, seguida por um exemplo:

Qualissigno	sensação de vermelho
Sinsigno icônico	um diagrama particular
Sinsigno indicial remático	um grito de dor
Sinsigno dicente	um cata-vento, uma foto
Legissigno icônico	um diagrama geral
Legissigno indicial remático	um pronome demonstrativo
Legissigno indicial dicente	uma placa de trânsito no lugar em que significa
Símbolo remático	um substantivo
Símbolo dicente	uma proposição
Argumento	um silogismo

2.5 *Segundo conceito de signo*

Uma vez descritas as tricotomias, classes e categorias de signos, é possível chegar a um conceito de signo desenvolvido ulteriormente por Peirce. Este segundo conceito de signo surge como formalmente mais complexo que o primeiro, e se por um lado não é mais que a adequação de sua definição inicial de signo a seu quadro de categorias (do qual é conseqüência necessária), por outro lado vem fazer uma *abertura* em sua teoria, tirando-lhe qualquer traço esquemático e com isso valorizando-a além de colocar questões interessantes sobre o signo e seus correlatos.

Este segundo conceito de signo apresenta-o como sendo um Primeiro que se coloca numa tal relação triádica genuína com um Segundo, denominado seu Objeto, de modo a ser capaz de determinar que um Terceiro, denominado seu Interpretante, assuma a mesma relação triádica com seu Objeto na qual ele próprio está em relação com o mesmo objeto.

Esta concepção de signo recobre a descrição inicial na qual um signo assumia uma relação com um Objeto e um Interpretante, mas desenvolve-a ao apresentar o signo com um Primeiro (Primeiridade, nível do sensível), o objeto como um Segundo (Secundidade, nível do evento) e o Interpretante como um Terceiro (Terceiridade, nível da razão). Mais do que isto, como observa David Savan[8], esta descrição propõe que o signo determina seu interpretante, sendo que o signo é determinado por seu objeto, de modo a poder-se dizer que é através do signo que o objeto cria seu interpretante ou, pelo menos, é através do signo que o objeto determina mediatamente o interpretante ou mente, como descreve o próprio Peirce. Este enfoque surge como de particular importância na medida em que muitos teóricos da semiótica, durante muito tempo, procuraram fazer crer que, no triângulo signo-objeto-interpretante, só o lado esquerdo interessava:

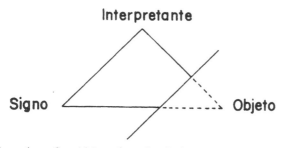

isto é: a Semiótica deveria desinteressar-se pelo nível do objeto (da coisa, do evento, da experiência do real, da Secundidade), restringindo-se apenas ao estudo das relações estabelecidas entre o signo e o Interpretante. Esta Semiótica de Exclusão é, por exemplo, aquela pretendida por Louis Hjelmslev, cuja preocupação básica era com uma abordagem exclusivamente lingüística do problema do sentido, deixando de lado tudo aquilo que fosse extralingüístico, que transcendesse a esfera lingüística, isto é, o social, o psicológico, o fenomenal. Esta perspectiva, apesar da força interna do modelo de Hjelmslev, foi a causa de sua fraqueza e a razão para os ataques contra uma semiótica da qual se dizia, com razão, não ser outra coisa que um estudo formal de relações abstratas a excluir o homem e a realidade de seu campo e, com isso, capaz de gerar alienação. Esta proposta de Peirce surge assim como restabelecedora do triângulo semiótico em sua totalidade, dando à

---

[8]. «Questions concerning certain classifications claimed for signs», *Semiotica* 19 — 3/4, 1977, Haia, Mouton.

Semiótica uma dimensão que ela só deixou de ter por uma oclusão, ingênua ou não, das perspectivas de alguns de seus aplicadores.

Uma outra conseqüência dessa segunda descrição do signo — que, deve-se ressaltar bem, não é uma segunda descrição na teoria de Peirce mas uma segunda, posicional, neste diagrama — é que nem tudo aquilo que existe e é representável é, necessariamente, um signo, contrariamente ao suposto por muitas teorias pan-sígnicas. Nem tudo é signo, sob este aspecto. Um signo é uma relação triádica ordenada e completa. Quer dizer — e isto é de particular importância: ao contrário do que pode fazer crer o famoso triângulo de Ogden & Richards, *o signo não é um dos elementos do triângulo, uma de suas pontas, um dos membros da relação. O signo é a reunião das três pontas, a relação toda e completa, a totalização dos três vértices do triângulo.* Graficamente, portanto, em sua condição de diagrama estático, o triângulo semiótico é bastante ilusório, e só poderia ser representado na verdade por uma composição espaço-temporal muito mais complexa — mas como esta teria de reproduzir as condições de operação da Mente (isto é, do Intepretante) é possível que esta representação não seja tão fácil de conseguir. Foi dito "da Mente" porque o signo apresenta-se, de fato, como uma *relação* triádica *genuína,* isto é, em último análise, como uma operação da Terceiridade, razão pela qual o próprio Peirce reconhece que os três *relata* dessa relação são Terceiros — o que não exclui a possibilidade de qualquer um desses três relativos apresentar-se, sob algum aspecto, como um Primeiro ou um Segundo. A Mente (ou semiose) é um processo de geração infinita de significações, razão pela qual aquilo que era um Terceiro numa dada relação triádica passa a ser um Primeiro numa outra relação triádica. Num grafo capenga (pelas razões apontadas):

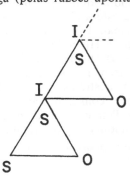

que pode ser lido: o Interpretante de um dado Signo determinado por um Objeto transforma-se por sua vez num novo signo que remete a outro objeto num processo que determina um novo Interpretante e assim sucessivamente até o infinito. P. ex.: o Objeto "homem" pode ter por Interpretante *animal racional,* determinado pelos signos /anima/ e /racional/. O *animal* de *animal racional* por sua vez transforma-se no signo /animal/ que remete a seu competente Objeto e cujo Interpretante é agora *ser vivo organizado, dotado de sensibilidade e movimento (em oposição às plantas).* Por sua vez, *sensibiidade* pode transformar-se em outro signo etc. etc.

Voltando então ao começo do parágrafo anterior: somente num processo analítico (didático) pode o signo ser considerado como *parte* de uma relação. Na verdade, ele é *toda* a relação, e não qualquer relação, mas uma em que a *ordem* dos três relata tem a maior importância *(i. e.,* é necessário dizer qual a ordem em que os três relata são considerados porque aquilo que é um Terceiro (Interpretante) pode aparecer numa outra ordem como sendo um Primeiro (Signo). Volta-se também, agora, à afirmação segundo a qual nem tudo é signo, mas só aquilo que tem uma relação triádica ordenada e completa. Num exemplo dado por Peirce: se um girassol, ao virar-se na direção do sol, se tornasse só com esse ato capaz de reproduzir um girassol que também se voltaria na direção do sol, o girassol se transformaria num representamen ou signo do sol. No entanto, ressalta Peirce[9], o pensamento é o principal, senão o único modo de representação, e neste caso é só quando o girassol cria seu interpretante, quando o homem vem admirá-lo em seu movimento de seguir o sol, que ele se transforma em signo.

Isto não inclui o fato de que *potencialmente* tudo é um signo, a concretizar-se uma vez preenchidas as condições necessárias.

3. OBJETO DO SIGNO: CONCEITO E DIVISÃO

Como já foi ressaltado no tópico anterior, na teoria de Peirce existe um lugar reservado para o objeto — e lugar bem maior do que supunham muitas correntes da semiótica ou da semiologia. É o Objeto da relação triádica de signo (expressão que, como se viu, é mais adequada do que "Objeto do signo") que determina uma base ou Primeiro (o signo) através do qual determina um Terceiro (ou I...

---

9. *Semiótica,* pp. 63-64.

terpretante). O Objeto é pois um segundo: coisa, objeto ou evento. David Savan[10] formula uma analogia adequada do modo pelo qual um objeto determina seu Primeiro e o modo pelo qual este Primeiro está no lugar do ou representa um Terceiro, o Interpretante:

O exército A está cercado pelo exército B: um mensageiro de A é mandado para o campo de B. Este mensageiro é um signo de A, a ser interpretado por B. O mensageiro, M, representa A, é uma parte destacada de A — em outras palavras, é uma enunciação, enunciada por A. As roupas de M, seu aspecto físico, seu rosto, sua voz, sua entonação e seu discurso serão interpretados por B. Deste modo, M está criando ou determinando um Interpretante através de todos esses seus traços que se revelam aos olhos de B. Isto não significa que ele crie a atividade de interpretar: B já vinha interpretando todos os signos de que dispunha a fim de chegar a uma conclusão sobre as condições materiais e psicológicas de A. O que M faz é focalizar a interpretação de B sobre ele mesmo, M, de modo a criar ou determinar aquela interpretação em particular que sua apresentação material sugere a B. Fica assim claro, através deste exemplo, que se o Objeto não dá início ao processo de interpretação a partir dele mesmo, ele pelo menos dirige essa interpretação para sua materialidade específica — não sendo possível evitar uma análise ou alguma abordagem do Objeto se se quiser alcançar o Interpretante próprio que lhe diz respeito.

Todo signo ou toda relação triádica ordenada e completa de signo tem de ter um Objeto, o qual não necessita ser entendido simplesmente como uma coisa ou evento (esta árvore, este particular gesto) mas, na medida em que se entende a Semiótica como uma filosofia, no sentido de que todo processo de interpretação de signo tende para um estado final que é a busca da "verdade" na acepção aqui exposta desse termo: mudança de um estado de insatisfação para outro de satisfação baseado no conhecimento. Este entendimento maior do Objeto tem de ser mantido em mente se se pretende compreender o alcance da doutrina de Peirce, ainda que neste ou naquele caso em particular seja suficiente encarar o Objeto como um objeto ou evento concreto e identificado.

Este Objeto admite uma divisão bipartida. Pode-se falar num Objeto enquanto conhecido no signo (o Objeto

10. «Questions concerning certain classifications claimed for Signs», *Semiotica*, 19 — 3/4 — 1979.

tal como o próprio signo o representa e que, portanto, depende de sua representação) ou no Objeto tal como é, independentemente de qualquer aspecto particular seu: o Objeto tal como seria mostrado por um estudo definitivo e ilimitado (o Objeto como real, como Realidade, como realmente é). O primeiro recebe o nome de Objeto Imediato e o segundo, Objeto Dinâmico. Peirce exemplifica com a sentença "O céu é azul". Um dos objetos do sintagma é "azul". Se se pretende significar uma qualidade de sensação, "azul" está sendo aqui entendido como Objeto Imediato. Mas se a intenção for significar um comprimento curto de onda da luz, o que está em questão é o Objeto Dinâmico, delimitado por uma ciência.

Esta distinção torna-se necessária porque o Objeto Imediato pode envolver algum tipo de interpretação errônea, dando do objeto uma representação falsa e diferente daquilo que ele realmente é. Isto significa que o Objeto Imediato é aquilo que se supõe que um objeto é, sendo o Objeto Dinâmico uma representação *real* do objeto tal como é possível obtê-la através do estudo definitivo de que fala Peirce.

Naturalmente, surge neste momento a questão de saber se um objeto qualquer pode dar origem a um conhecimento *objetivo* e definitivo, capaz de revelar a realidade sobre esse objeto. Em outras palavras, é possível alguém afastar-se de sua própria mente (*i.e.*, de sua semiose, de seu processo de formação das significações) e comparar a noção que tem desse objeto (seu Interpretante) com a condição real do mesmo objeto? Para Peirce, em princípio não se podia falar de uma realidade que não se pudesse conhecer, e para ele o processo de interpretação sucessivas (semiose) continuaria sempre até que se chegasse a uma última interpretação cujo resultado seria, necessariamente, a fusão entre o objeto imediato e o objeto dinâmico do signo ou, em outras palavras, a identificação plena entre o que pensamos ser um objeto e sua condição real. Assim, até atingir-se esse ponto seria indispensável estabelecer a devida distinção entre Objeto Imediato e Objeto Dinâmico.

Por certo, a crença de Peirce na possibilidade de um conhecimento ilimitado e definitivo das coisas, e na existência de uma "interpretação final", não é partilhada por todos indistintamente. Talvez o que levou parte da semiótica ou da semiologia a afastar a questão do objeto tenha sido exatamente essa impossibilidade ou pequena probabilidade de falar-se na existência de *um* único Objeto final do qual se pudesse ter uma interpretação inequívoca; diante da dificuldade de chegar-se a esse estádio, preferiu-se então explicar o processo de significação como um processo interno ao signo, fosse qual fosse seu objeto (isto é, dispensando a análise do objeto). É o caso da análise de Hjelmslev. No entanto, mesmo admitindo a inexistência de uma "interpretação final" ou Objeto Final, a distinção entre Objeto Imediato e Dinâmico é útil e pertinente se se pretende uma semiótica do concreto — a única que realmente interessa e para a qual esse ponto final só pode intervir como meta distante.

4. INTERPRETANTE DO SIGNO: CONCEITO E DIVISÃO

Como já foi observado, o signo cria algo na mente do intérprete, algo que — por ter sido assim criado pelo signo — foi também criado de modo mediato e relativo pelo Objeto do signo. A esta criação do signo-objeto dá-se o nome de Interpretante, podendo-se entendê-lo, em suma e em termos banais, como o conceito ou a imagem mental criada na relação triádica de signo.

O Interpretante comporta uma divisão tripartite: Interpretante Imediato, Interpretante Dinâmico e Interpretante Final. É possível captar a acepção desses termos para Peirce, passando também pelos conceitos de Objeto, seguindo a análise de um exemplo por ele fornecido.

Alguém me faz a seguinte pergunta: Como está o dia, hoje? Esta pergunta é um Signo cujo Objeto é o tempo naquele momento. O interpretante desse signo é, em princípio, a qualidade do tempo. Mas há um outro Interpretante, o Dinâmico, que é minha resposta efetiva àquela pergunta, a contrapor-se assim ao primeiro Interpretante, o Imediato, que é aquilo que a pergunta exprime. Este signo comporta ainda um outro tipo de Interpretante, o Final, que é o objetivo da pessoa que fez a pergunta, junto com o efeito que a resposta terá sobre seus planos para aquele dia.

Suponha-se que a resposta a essa pergunta seja: Está um dia feio. Este outro signo tem por Objeto Imediato a noção de tempo comum à minha mente e à dessa pessoa; não é o caráter desse tempo, mas sua identidade. O Objeto Dinâmico desse signo é a identidade (a condição) real do tempo naquele momento. O Interpretante Imediato é a imagem suscitada de tempo feio ou aquilo que há de comum nas várias e vagas imagens de um dia feio. Interpretante Dinâmico desse signo é o desapontamento eventual que recai sobre quem formulou a pergunta inicial. E o Interpretante Final é a soma das "lições" da resposta: a condição do tempo, o objetivo inicial em mente ao formular-se a pergunta, o desapontamento etc.

Em outras palavras, pode-se dizer que o Interpretante Imediato de um signo é o interpretante tal como se revela na correta compreensão do próprio signo. Interpretante Dinâmico é o efeito concreto determinado pelo signo, e Interpretante Final é o modo pelo qual o signo tende a representar-se, ao fim de um processo, em relação a seu Objeto.

Peirce observou ainda que do Interpretante Final pode-se dizer que é "aquilo que finalmente se decidiria ser a interpretação verdadeira se se considerasse o assunto de um modo tão profundo que se pudesse chegar a uma opinião definitiva". Em outras palavras, seria aquela interpretação final ou última a que se chegaria quando o Objeto Imediato se identificasse e fundisse inteiramente com o Objeto Dinâmico — quando se chegasse ao real, ao definitivo, quando se conhecesse plenamente uma coisa ou vento. Pode-se dizer que é no mínimo discutível a existência desse Interpretante Absoluto. Considera-se que, na teoria de Peirce, o que mais chega perto desse tipo de interpretante seriam os princípios lógicos.

Esta divisão do Interpretante pode também ser feita em outros termos aparentemente mais claros e, de qualquer modo, mais familiares: Sentido, Significado e Significação.

5. SENTIDO, SIGNIFICADO, SIGNIFICAÇÃO

Estes três termos foram inicialmente utilizados por Lady Welby, num verbete para a *Encyclopaedia Britannica,* e que deles deu uma descrição a respeito da qual Peirce oscilava, ora dizendo que fora fruto de uma "prodigiosa sensibilidade de Percepção com que não posso rivalizar", ora afirmando que se tratava de uma concepção tão imperfeita quanto a sua ou mesmo mais imperfeita sob alguns aspectos.

O Interpretante Imediato corresponde ao Sentido (palavra à qual Peirce continuou preferindo o termo antigo *Acepção),* o Interpretante Dinâmico equivale ao Significado e o Intepretante Final, à Significação.

Sentido é o efeito total que o signo foi calculado para produzir e que ele produz imediatamente na mente, sem qualquer reflexão prévia; é a Interpretabilidade peculiar ao signo, antes de qualquer intérprete.

Significado é o efeito direto realmente produzido no intérprete pelo signo; é aquilo que é concretamente experimentado em cada ato de interpretação, dependendo portanto do intérprete e da condição do ato e sendo diferente de outra interpretação.

Significação é o efeito produzido pelo signo sobre o intérprete em condições que permitissem ao signo exercitar seu efeito total; é o resultado interpretativo a que todo e qualquer intérprete está destinado a chegar, se o signo receber a suficiente consideração.

Em outras palavras ainda, o Sentido ou Interpretante Imediato é uma abstração, ou uma possibilidade (o sentido atribuído a uma palavra em geral e registrado no dicionário ex. "cão"); o Significado ou Interpretante Dinâmico é um evento real, único (o significado de "cão" determinado pelo Objeto *cão* aqui, nesta rua escura) e a Significação ou Interpretante Final é aquilo para o que tende o evento real (diante deste cão, nesta rua escura, a significação deste encontro tende a representar para mim esta ou aquela imagem de natureza psicológica ou sociológica, em função da qual minha reação será esta ou aquela).

Embora a tradução do Interpretante em termos de Sentido, Significado e Significação tenda a dar a esse conceito peirciano uma operacionalidade razoável e suficiente para os objetivos deste diagrama, não se pode deixar de observar que, na ulterior teoria do signo de Peirce, aquilo que figura como traço essencial e definidor do Interpretante é sua capacidade de autocorreção. E diante 1) da concepção filosófica de Peirce segundo a qual o ser humano tende para a verdade; 2) de que a procura da verdade é marcada pela passagem da insatisfação para a satisfação; e 3) que essa tendência para a verdade atinge um estádio mais elevado quando se manifesta de modo consciente e autocrítico, isto é, através da Razão, do Terceiro — o único modo de entender-se um Interpretante, na teoria de Peirce, seria como aquilo e só aquilo que promove uma autocorreção refletiva, manifestação por excelência do Terceiro. E neste caso o Interpretante estaria mais do lado da Significação que do Significado, e muito mais perto da Significação que do Sentido.

6. SEGUNDA DIVISÃO DO INTERPRETANTE

Foi dada acima uma série de descrições do Interpretante, cada uma das quais modificava um pouco a anterior não apenas com o objetivo de esclarecê-la mas, particularmente, de ampliar seu campo de ação. Neste tópico será fornecida mais uma descrição do Interpretante e, com Peirce, seria possível pensar em outra ainda, e mais outra, e uma seguinte até que se acabasse por re-redigir suas 70.000 páginas como o reescritor do *Quixote* proposto por Borges. Com a diferença de que, no modelo de Peirce, seria mesmo possível continuar para além desses milhares de laudas...

Esta descrição, no entanto, será a última deste modelo, e não deve ser deixada de lado uma vez que se revela particularmente instigadora para os que se dedicam ao estudo dos fatos estéticos em suas variadas formas.

Nesta conceituação do Interpretante, apresenta-se uma sua divisão que embora esteja diretamente relacionada com a divisão em Imediato, Dinâmico e Final, não deve ser com esta identificada inteiramente por tratar-se de tipos diferentes de classificação. Esta segunda divisão do Interpretante apresenta-o como podendo ser Emocional, Energético e Lógico[11].

Segundo Peirce, o primeiro efeito significativo próprio de um signo é um *sentimento* por ele produzido. Este sentimento, quase sempre constatável, é interpretado como prova de que compreendemos o efeito adequado do signo, embora as bases de sua verdade, neste caso, sejam muito tênues. Sendo de qualquer modo um Primeiro, na doutrina de Peirce este Interpretante Emocional pode assumir freqüentemente um papel muito maior que o de um simples sentimento de reconhecimento do signo, apresentando-se mesmo como o único efeito significativo produzido por esse signo. É o que ocorre com a execução de uma música, execução esta que é um signo. Supostamente, essa peça musical veicula as idéias do compositor — mas estas geralmente consistem numa seqüência de sentimentos, e mesmo que o signo acabe produzindo um efeito de outra ordem (*i.e.*, um outro Interpretante), este só se verificará através da mediação do Interpretante Emocional, que surge assim como um determinante dos demais Interpretantes. Estes, para serem produzidos, exigirão assim um *esforço* por parte do intérprete — e neste caso o Interpretante denomina-se Energético, quer o esforço seja físico ou mental. Em seguida a este, haveria um terceiro Interpretante, descrito como sendo a compreensão de um conceito geral: o Interpretante Lógico.

---

11. Proposta que, muito de perto, lembra o modelo de Kant onde a ordem estética configura um estado intermediário e necessário entre as ordens ergástica (razão prática) e semântica (razão pura), que se complementam.

73

Há uma série de indícios que permitiriam considerar esta classificação como equivalente à anterior. Sendo um Primeiro, o Interpretante Emocional poderia surgir como Interpretante Imediato; sendo um Segundo, o Energético equivaleria ao Dinâmico e o Terceiro, Lógico, seria o Final.

No entanto, como foi afirmado acima, embora Peirce não tenha desenvolvido esta classificação (e tenha, dentro dela, dedicado maior atenção ao Interpretante Lógico que ao Emocional ou Energético, coerentemente com a linha de força de sua doutrina), é possível afirmar que a base da classificação não é exatamente a mesma. A Primeiridade, nesta, não é a simples qualidade da categoria anterior: surge agora como um "sentimento total", como algo perfeitamente simples e sem partes (isto é, enquanto algo perfeito, tal como a túnica inconsútil de Cristo ou a fuselagem dos objetos voadores nas obras de ficção-científica, se cabe a comparação) e, exatamente por isso, mais complexo que a simples qualidade. Algo capaz de assim apresentar-se, para Peirce, seria *Rei Lear* de Shakespeare, que teria sua Primeiridade, isto é, seu "sabor *sui generis*". Isto é, com toda evidência, senão algo mais pelo menos algo diferente da Primeiridade anterior que se apresentava como simples qualidade da qual um exemplo, dado por Peirce, era a "sensação de vermelho".

O mesmo se poderia dizer do Interpretante Energético que, embora sendo um Segundo e um Evento (no caso, a interpretação concreta da execução de uma música determinada em condições definidas), é um Segundo que envolve um esforço e uma superação de resistências ligados a um tipo especial de Primeiro, no caso o Emocional. Deve-se recordar aqui uma afirmação anterior de Peirce segundo a qual um signo é uma relação triádica de *relata* de e numa certa ordem: a natureza de um desses *relata* exige necessariamente que a dos demais lhe sejam compatíveis, e neste caso o tom do Emocional domina esta relação, modificando os traços dos demais. Conseqüentemente, o Interpretante Lógico deveria entrar também por este ramal.

Como se disse, Peirce não desenvolveu esta classificação, cujas conseqüências poderiam ser particularmente interessantes para a Estética. Mesmo assim, suas poucas observações a respeito deram margem a algumas propostas que, mesmo sem discutir sua validade e sua adequação ao esquema de Peirce, surgem no mínimo como motores de uma discussão ulterior. É o que se pode constatar na de J.

Jay Zeman[12]. Observando que Peirce, a respeito do Interpretante Lógico, fala em "primeiros conceitos" ou "primeiros interpretantes lógicos", Zeman sugere a idéia de que talvez fosse lícito falar na existência de uma subdivisão dos termos desta classificação ou, pelo menos, de uma subdivisão dos Interpretantes Energético e Lógico.

Assim, se Peirce fala na existência de um primeiro interpretante lógico associado com "experiências involuntárias de natureza sugestiva" e com as "idéias instintivas dos animais", seria possível considerá-lo como um Interpretante que se revela na adequada compreensão do próprio signo — e neste caso se estaria diante das características do Interpretante Imediato. E se a existência deste tipo de Interpretante Lógico é viável, é muito provável a existência de um Interpretante Lógico Dinâmico e outro Lógico Final.

Comparado com o primeiro, que é uma compreensão baseada num *contato* imediato com o signo, o Interpretante Lógico Dinâmico apresenta-se como uma espécie de "ensaio dramático" indutivo e ativo, um rearranjo dos elementos levantados pelo Interpretante Lógico Imediato. E o Lógico Final, seguindo de perto uma descrição de Peirce, se apresentaria como um hábito deliberadamente formado, inter-relacionando condições e comportamentos anteriores, que o signo está calculado para produzir. O Interpretante Energético, associado com esforço e atividade, refere-se ao aqui-e-agora, não se preocupando com as características gerais (tipo lei) próprias do Lógico — e neste caso, como descrito nos tópicos anteriores, pode-se esperar que abarque um Interpretante Energético Imediato e outro Dinâmico.

Dos três, o Interpretante Emocional seria o único a não admitir uma subdivisão: por suas características, só pode ser um Interpretante do tipo Imediato. Sendo simples e sem partes (isto é, não podendo ser analisado — embora seja possível refletir sobre ele, mas numa semiose de diferente natureza), o Emocional apresenta-se como radicalmente imediato. Neste caso, o Dinâmico (efeito concreto gerado pelo signo) confunde-se com o Imediato (apreensão direta do efeito significativo através do contato com o signo) e não se pode esperar um Final, isto é, uma interpretação final resultante de uma análise definitiva. Como se verá na seção dedicada à Teoria da Informação, adiante, este entendimento é compatível com a inesgotabilidade do signo estético. Este, a todo momento, para diferentes receptores

---

12. «The esthetic sign in Peirce's Semiotic», *Semiotica* 19, 3/4/1977.

ou para o mesmo receptor em momentos diversos, sempre apresentará um conteúdo diversificado, não se podendo falar assim numa sua interpretação final — perfeitamente cabível quando o signo estiver coberto pelas ciências físicas.

Num quadro-síntese, segundo Zeman:

Interpretante	Interpretantes abrangidos
Emocional	Imediato
Energético	Imediato
	Dinâmico
Lógico	Imediato
	Dinâmico
	Final

Uma tentativa de esboçar uma estética peirciana pode ser encontrada na *Pequena Estética*, de Max Bense[13]. Não seguindo exatamente o caminho apontado neste último tópico, Max Bense antes remete-se ao quadro geral da doutrina de Peirce, misturando-o com elementos extraídos da Teoria Matemática da Informação. A proposta de Bense será analisada um pouco mais de perto na seção seguinte, mas desde já fica ressaltada a estranheza e incongruidade da tentativa de misturar Peirce com uma abordagem quantitativa do signo. Se se pode falar na existência de certos pontos em comum entre os dois modelos (por exemplo, a crença de Peirce na inexistência de um objeto que não seja conhecível e, portanto, sua crença na possibilidade de chegar às interpretações finais dos signos; e por outro lado, a crença (e o desejo) da Teoria da Informação na possibilidade de prever e controlar — e prever para controlar — os mundos, *i.e.*, a crença na possibilidade de deles apresentar uma interpretação final baseada num estudo definitivo) parecem ser muito mais relevantes as diferenças entre ambos, uma vez que Peirce aposta no homem e o coloca com o motor e a meta de seu processo de busca da verdade enquanto os matematicos da informação não buscam, declaradamente, nada mais que eliminar o fator humano do processo de significação — o que significa destruir todo o modelo peirciano. Para se ver o porquê desta última afirmação, basta pensar na questão do Interpretante.

13 São Paulo, Perspectiva, 1971

Max Bense acredita que uma Estética da Medida (ou de descrição quantitativa do estado estético) poderia ser completada por uma Estética do Valor. Mas não operando com esta segunda classificação dos Interpretantes de Peirce, que poderiam participar de uma efetiva Estética do Valor e que dão ao próprio modelo peirciano uma abertura especial, Bense acaba reduzindo o Valor ao Número e propondo, como se verá adiante, uma estética que talvez sirva para as máquinas pensantes mas não para o homem. Donde resulta possível a afirmação de que ainda resta por desenvolver uma Estética do Signo com base na Semiótica do homem.

Este diagrama da doutrina de Peirce deve ter mostrado: 1) que a Semiótica, em Peirce, é uma Lógica do Signo ou, simplesmente, uma Lógica; 2) mas que esta Semiótica é também uma Filosofia; 3) que, sendo uma Filosofia, esta Semiótica não procura isolar-se dos fenômenos extralógicos, mesmo porque são estes que determinam essa Lógica; 4) e que, neste caso, a aplicabilidade desta Semiótica é bem ampla, não necessitando — como ocorre com o modelo de Hjelmslev — uma prévia demonstrção de que seu objeto de análise é uma Lógica (ou linguagem) de acordo com este ou aquele modelo determinado. Estes traços são elementos mais que suficientes para demonstrar ser algo vivo o universo semi-explorado de Peirce que, tal como sua concepção da filosofia, pervade todas as coisas ao invés de ser um simples modelo teórico.

7. A SEMIÓTICA GERAL

Esta redução das propostas de Peirce não corre, por certo, nenhum risco de fazer-se passar sequer por um quadro geral de sua semiótica. Ela apenas explora alguns dos conceitos básicos dos estudos peircianos que se encontram mais divulgados e cuja aplicabilidade no campo das comunicações e artes é mais imediata e relativamente cômoda. Por essa razão, seria conveniente deixar bem claro que há outros aspectos sob os quais se pode abordar a semiótica de Peirce. Particularmente o aspecto específico da lógica ("Lógica é um outro nome para a semiótica"), evidente quando se folheia, por exemplo, a coletânea brasileira *Semiótica* já mencionada. Já no sumário fica clara a preocupação de Peirce com as questões relativas às proposições e aos termos (e seus desdobramentos: sujeito, predicado, predicação, universal, particular, modalidade, extensão e compreensão etc.), à teoria do juízo e da inferência e assim por diante.

Isto significa — e o dito aqui vai apenas como pista — que, em seu caráter mais geral, a semiótica de Peirce pode ser entendida como uma teoria sobre as asserções de uma inteligência científica. Embora, ao se consultar os mais diferentes ensaios sobre o que seja a "concepção peirciana da semiótica", encontrem-se as mais variadas exposições sobre quais sejam as estruturas centrais dessa semiótica (o que se deve ao fato de Peirce nunca ter posto um ponto final em suas formulações sobre a semiótica: seu trabalho era, antes, o de uma pesquisa e investigação sempre em progresso num campo novo e frouxamente delimitado), talvez não seja inadequado apresentar sua teoria da asserção como o eixo ao redor do qual se desenvolve sua teoria complexa da semiótica.

Em complementação ao que foi colocado nas páginas iniciais desta seção dedicada a Peirce, e a fim de levantar as linhas gerais do quadro da semiótica como teoria da asserção, será pertinente partir de algumas descrições da lógica feitas por Peirce.

Em 1905, Peirce apresentava a lógica como sendo a teoria do pensamento deliberado, do pensamento controlado de modo a torná-lo adequado a uma objetivo. Este objetivo é aquele que se coloca uma "inteligência científica", e é a Retórica Especulativa (ou Metodêutica) que especifica objetivos e métodos a serem seguidos para sua consecução. Em 1903, Peirce também já havia descrito a lógica como sendo a teoria do pensamento deliberado (ou autocontrolado) e afirmava que, sendo o pensamento desenvolvido através de signos, a lógica deveria ser encarada como a ciência das leis gerais dos signos desdobráveis em três ramos:[14]

a) a Gramática Especulativa, ou teoria geral da natureza e significado dos signos;

14. A concepção que alguns estudiosos têm dessa divisão é a seguinte:
  a) Gramática especulativa, ou estudo formal dos signos entre si (dimensão sintática);
  b) Lógica pura: estudo dos argumentos e das relações dos signos com os objetos a que se referem (dimensão semântica da semiose);
  c) Retórica: estudo da relação dos signos com o intérprete (dimensão pragmática).
  Este entendimento da divisão da lógica peirciana, no entanto, parece um tanto restritivo, deixando de lado a dimensão maior compreendida na descrição dada pelo próprio Peirce da Gramática Especulativa, da Crítica e da Metodêutica.

b) a Crítica, que procede a uma classificação dos argumentos, determinando a validade e o grau de força de cada um de seus tipos;

c) a Metodêutica, dedicada ao estudo dos métodos a serem observados na "investigação, exposição e aplicação da verdade".

(A partir deste entendimento, e considerando-se a declaração de Peirce segundo a qual a Gramática Especulativa investiga as condições gerais a serem obedecidas pelos signos a fim de produzirem-se as assertivas, é que surgiria, para alguns, a possibilidade de apresentar a Semiótica como sendo uma teoria da asserção cujos traços essenciais seriam dados pela Gramática Especulativa. No entanto, a não consideração dos outros dois ramos implica numa redução do quadro proposto por Peirce.)

A procura e o alcance dessa *verdade* se faz a partir das asserções. Sob o ponto de vista da Teoria da Comunicação, uma asserção é um ato através do qual um falante dirige-se a um ouvinte graças ao uso de signos. E nesse ato, para Peirce, a asserção demonstra que o emissor conhece aquilo ou acredita naquilo que está sendo enunciado, pressupondo-se ainda que a asserção está destinada a provocar uma crença ou conhecimento semelhante no ouvinte. Para o filósofo Peirce, o ato da asserção pressupunha que a pessoa a realizá-lo tornava-se passível de incorrer nas sanções previstas pelas leis sociais ou morais, caso a asserção não fosse verdadeira e caso essa pessoa não tivesse uma desculpa plausível para a emissão da inverdade — numa concepção singular, do ato da comunicação e de suas conseqüências, quase inteiramente descartada dos estudos atuais de comunicação. Em todo caso, o estudo das condições de produção da asserção exigiria um apoio em outras teorias, como da comunicação e do signo e, de modo particular, como as teorias da verdade e do conhecimento. Esta última tem como questão central o estudo que se preocupa em saber como é possível ocorrer uma proposição *verdadeira* na asserção — o que implica saber como é possível o conhecimento.

Estas preocupações trazem para o campo de estudo a teoria do significado ou teoria da cognição, nos termos de Peirce. Esta teoria trata de explicar as possibilidades de ocorrência do conhecimento e, procedendo a uma análise da natureza da asserção, está baseada em observações simples, daquelas, nos termos de Peirce, capazes de serem feitas por qualquer pessoa familiarizada com o uso de determinada linguagem ou sistema de signos.

Neste sentido é que se disse da possibilidade de abordar a semiótica de Peirce como uma teoria sobre as asserções de uma inteligência científica. Essa teoria, como exposto, liga-se a outros ramos da teoria geral dos signos de Peirce, como a teoria das proposições, do significado e da verdade, e relaciona-se com o sistema filosófico geral de Peirce consubstanciado em sua teoria da cognição. Este quadro de entrelaçamento de teorias recorta o campo daquilo que, no começo desta seção, foi apresentado como a *semiótica geral* de Peirce (formada pela Filosofia da Lógica, da Ciência, pela Epistemologia) e em cujo interior — e só aí — tem sentido os elementos de *semiótica especial* aqui um pouco mais demoradamente abordados (conceito de signo, divisão dos signos e suas classes interpretente do signo)[15].

---

15. Em relação a esta semiótica geral, ver — além de *Semiótica*, op. cit. — o número 19 — 3/4/1977, da revista *Semiotica* e o artigo de Jarret Broch, «Peirce's Conception of Semiotic», publicado no número 14:2, 1975, da mesma *Semiotica*.

DISCUSSÃO

ROMPER A RESISTÊNCIA IDEOLÓGICA DO SIGNO*

Retomando uma fórmula de Ernst Bloch[1], o trabalho da semiótica deve ser capaz de tornar exterior o interior — senão tornar o exterior semelhante ao interior. E nessa produção reveladora, o que será exteriorizado é exatamente aquilo que se constitui na grande barreira a ser atravessada: a ideologia. Revelar uma ideologia, combatê-la, destruí-la: a tal é a operação fundante de toda prática teórica[2]

* Texto de uma intervenção no 30.º Encontro Anual da SBPC, São Paulo, julho de 1978.
1. Que retoma uma proposta de Lenin. Mas, cf. *L'esprit de l'utopie*, Paris, Gallimard, 1977, p. 277.
2. Entendida como a transformação de um produto ideológico em conhecimento teórico.

— e, portanto, da prática semiótica — particularmente quando esta se realiza em situações histórico-sociais como a que caracteriza a realidade brasileira.

A semiótica como ciência das ideologias não constitui um objeto recente. Ao redor de 1928, os formalistas russos colocavam-se a questão do significante (ou do material significante) como organizador e sustentáculo do material ideológico. Em 1956, Roland Barthes tentava fornecer ao discurso sobre a ideologia uma linguagem extraída diretamente do *Curso de lingüística geral* de Saussure; seu *Mitologias* esforça-se por municiar a análise das ideologias com os conceitos da ciência que Saussure denominou de *semiologia*. Doze anos depois, em seus ensaios sobre a "semanálise", Julia Kristeva exporá o conceito de uma semiótica enquanto disciplina "crítica de semiótica que desemboca em algo diferente da semiótica: a ideologia"[3].

Esses três exemplos, tomados em meio a outros possíveis, de fato servem antes para evidenciar, senão o fracasso, pelo menos as dificuldades aparentemente enormes que a semiótica vem encontrando para cumprir uma vocação na verdade já inscrita no projeto do próprio Saussure, em 1916. Para Saussure, era possível conceber uma ciência (a semiologia) "que estude a vida dos signos *no seio da vida social*"[4]. A declaração de intenção não pode ser mais clara. No entanto, a distância entre a intenção e a execução parece imensa. Grande o suficiente, em todo caso, para não ter sido atualizada até agora, para não ter tido seu esquema de sustentação claramente descrito, senão definido. Saussure, ele mesmo, não se dedicou à determinação dos elementos de uma semiótica enquanto disciplina de análises das ideologias; os textos de Barthes em *Mitologias* não conseguem, apesar de seu interesse, ultrapassar o nível para o qual foram aliás dirigidos — o das revistas semanais de informação — e sua crítica ideológica dos mitos não é capaz de demonstrar aquilo pelo que ela propriamente se diferencia de dissecações ideológicas mais tradicionais. E o ensaio de Kristeva tampouco ultrapassou o estádio da manifestação de uma vontade. Em suma, a semiótica não consegue romper o círculo dentro do qual se isola da "vida social". Nessa condição, a prática semiótica é incapaz de promover a eventual "ruptura epistemológica" que consistiria no afastamento da consciência em relação à prática ideológica para apoderar-se dela na direção de uma teoria dessa prática; que consistiria, isto é, na transforma-

---
3. *Recherches pour une sémanalyse*, Paris, Seuil, 1969, p. 31.
4. *Curso de linguística general*, Buenos Aires, Losada, 1965, p. 60.

ção do produto em conhecimento[5]. Nessa sua condição circular, a semiótica não consegue ser uma crítica da semiótica, como quer Kristeva. É uma prática que não isola uma ideologia mas que, ao contrário, produz uma ideologia ou reforma outra preexistente. Produzir uma ideologia não é um fato em si negativo: é, antes um fato inevitável — e sob esse aspecto, portanto, não há reprimendas a fazer a essa semiótica. A questão é que essa semiótica circular produz ideologia sem se dar conta disso ou, pior, pretendendo não produzi-la. Ao invés de operar a mutação de um produto ideológico num conhecimento teórico — que pelo menos num primeiro momento é igualmente de base ideológica e não científica, como freqüentemente se pretende, embora sendo de qualquer modo uma reflexão crítica sobre si próprio — ela simplesmente se aliena numa ideologia. Em outras palavras, ela se apresenta quase como verdadeira prática técnica, transformando matérias-primas, ou matérias produzidas por uma técnica prévia, em produtos técnicos através de instrumentos de produção determinados — produzindo igualmente, na esteira dessa transformação, a ideologia correspondente a esses meios de produção e às relações por eles estabelecidas. Fazendo, com muita freqüência, de suas condições reais de existência uma representação[6] segundo a qual ela se afastaria do campo ideológico — representação essa para uso próprio e para ostentação pública — essa prática semiótica não produz uma visão crítica de si mesma e está assim condenada a ser engolida por essa entidade que desconhece ou diz desconhecer. O projeto inicial de Saussure é contornado. Em 1942, Louis Hjelmslev em seus *Prolegômenos...* — por um lado, obra rara por sua acuidade — embora mencione o nome de Saussure como o do único pioneiro indiscutível que merece ser citado, despreza a matriz do lingüista suíço ao apresentar a teoria da linguagem como "um todo que se basta a si mesmo, uma estrutura *sui generis*"[7] produtora de uma abordagem da linguagem que não se interessa por seus aspectos físicos, psicológicos, sociológicos. E acredita ser desse modo possível um "tratamento científico" da língua, um tratamento que deixa "de nos mistificar" — leia-se, na terminologia de hoje, um tratamento não-ideológico. Hjelmslev acredita assim na possibilidade de manter-se isolada a prática técnica das práticas políticas, ideológica e teórica. Como conseqüên-

---

5. Cf. Thomas Herbert, «Reflexiones sobre la situación teórica de las ciencias sociales, y de la psicología social en particular», in *El proceso ideológico*, Buenos Aires Tiempo Contemporaneo 1971, p. 200.
6. Cf. L. Althusser, *Positions*, Paris, Ed. Sociales, 1976, p. 101.
7. *Prolegômenos a uma teoria da linguagem*, São Paulo, Perspectiva, 1975, p. 3.

cia, nega implicitamente a possibilidade da ruptura epistemológica; e nega explicitamente a questão epistemológica ao afirmar que o debate epistemológico é um problema perante o qual nem ele, nem o "esquema lingüístico tem de tomar posição"[8].

Essa postura de Hjelmslev encontrará uma contrapartida, ao final da década de sessenta, na constatação de Umberto Eco (tradutora de uma crença espalhada um pouco por toda parte) de que a ideologia surgia como um "resíduo extra-semiótico" capaz de determinar a semiose porém estranho ao processo de codificação[9]. E ainda que mais tarde Eco mudasse de opinião — num texto onde mais se fala de ideologia do que dos rumos efetivos e operacionais para uma prática semiótica da ideologia — o projeto de uma semiótica como crítica da semiótica e da ideologia continuaria, como continua, imerso num quadro no mínimo nebuloso.

Uma primeira semiótica — e possivelmente uma semiótica primária — fechava-se em seu círculo *sui generis* ao adotar o modelo fonológico como modelo fundante de seu procedimento. Com essa escolha sacramentava-se o discurso da semiótica como um discurso do fragmentado, portanto um discurso fragmentado e fragmentante que não podia deixar de apoiar-se na e reforçar a ideologia cujo trabalho de base consiste exatamente em negar ao sujeito a possibilidade de sua consciência dada transformar-se em uma nova consciência produzida, isto é, uma ideologia que impede a reflexão da consciência sobre si própria. As sucessivas divisões e subdivisões impostas ao material significante sugam-lhe toda significação efetiva possível, ao mesmo tempo em que mergulha a prática semiótica numa relação especular que se detém nas etapas intermediárias daquilo que poderia ser um processo de formação do eu da prática semiótica. Nesse modelo, a prática semiótica fita a si própria, acaricia a imagem projetada diante de si por seu trabalho mas é incapaz de reconhecer-se em toda a real extensão de sua imagem. Não há nela nenhum trabalho de exposição ideológica, mesmo porque ela não se permite uma visão crítica de si própria, mas apenas uma visão narcísica.

Mesmo o modelo mais sofisticado de Hjelmslev encaixa-se plenamente nessa categoria do discurso fragmen-

8. *Idem*, p. 129.
9. Cf. *A estrutura ausente*, São Paulo, Perspectiva, 1971 e *Trattato di semiotica generale*, Milão, Bompiani, 1975, pp. 359 e seg. Trad. bras.: *Tratado Geral de Semiótica*, São Paulo, Perspectiva.

tado/fragmentante, embora seu sistema vislumbre um além da prática semiótica fechada em si mesma. Este indício de uma prática semiótica enquanto prática ideológica pode ser detectada, em sua teoria[10], na proposta de um *sentido* que se apresentaria como um fator comum subjacente a todas as línguas. Este sentido — que não pode ser outro senão um sentido ideológico — é atingido, como ressalta Hjelmslev, através de uma abstração do princípio de estrutura propriamente dito que comporta a função semiótica, e se apresenta como uma massa amorfa, como uma grandeza não analisada mas passível de diferentes análises capazes de fazê-lo surgir como outros tantos objetos diferentes. Mas esse horizonte amplo e libertário é negado desde logo pelo próprio Hjelmslev na medida em que a questão epistemológica não pode ser colocada, como se viu, e na medida em que a teoria da linguagem não pode permitir-se misturar com a filosofia da linguagem[11]. Para essa teoria, portanto, o sentido só pode surgir sob um único aspecto, através de uma única análise (a análise lingüística) e como um único objeto. O jogo é contraditório, isto é, ideológico: essa teoria se apresenta como "exclusivamente imanente"[12] mas acena com uma possibilidade de transcendência que ela não pretende efetuar (pois desde o início ela se interditou essa prática) embora reconheça ou quase admita sua necessidade. O sentido instaurador do material significante não poderá, portanto, ser alcançado e essa prática semiótica perde com isso a possibilidade de instalar-se como sujeito. Desistindo de revelar ideologias, é por elas velada.

Certas práticas semióticas procuram desvencilhar-se da ascendência ideológica do modelo fonológico, tentando evitar a multíplice fragmentação do discurso que só pode conduzir ao mascaramento e ao automascaramento. Partindo do mesmo Hjelmslev, e praticamente tentando resgatá-lo, Luis Prieto irá falar de uma semiologia da conotação[13] desembocando num trabalho de revelação ideológica, numa prática ideológica. Mostra como, deixando de lado a análise microscópica das unidades mínimas, seria possível deter-se em certas operações do texto capazes de indicar estruturas ideológicas. Em seu caso, a "desfuncionalização" da operação básica que é a denotação (seu apagamento, sua redução a um mínimo quase desprezível) produziria o aparecimento de um texto de ficção (conotativo) com cuja instalação seria possível identificar o ad-

10. *Prolegômenos...*, pp. 55 e 56.
11. *Idem*, p. 4.
12. *Idem, ibidem.*
13. *Pertinence et pratique*, Paris, Minuit, 1975, pp. 61 e seg.

vento da ordem burguesa. Mas ainda que a prática de Prieto faça com isso uma declaração explícita da intenção de não mais escamotear a questão epistemológica — numa operação cujos resultados são, aliás, discutíveis — ela sofre do mesmo vício que torna e retorna a assombrar as práticas semióticas, mesmo a de uma Kristeva defensora da semiótica como ciência das ideologias: o vício da contemplação do próprio umbigo, a crença na autonomia do texto, na possibilidade de indagar o texto — e apenas ele — e dele obter as propostas esperadas quanto a sua significação. A crença, enfim, na existência de um texto fechado capaz de fornecer sua chave através do jogo entre os elementos de sua arquitetura interior. Crença que por sua vez se apóia numa outra: a da autonomia da prática semiótica. Existe essa autonomia?

Para responder a essa questão, romper esse círculo, produzir essa "ruptura epistemológica", será necessário recorrer de início a Charles Sanders Peirce, de quem quase nada ainda foi extraído a não ser talvez algumas partes mais imediatas e mecânicas (ou que foram, pelo menos, extraídas mecanicamente). Usando o visor da prática de Peirce é que se poderá perceber, entre outras coisas, como as propostas de um Prieto ou uma Kristeva — mesmo que orientadas para o rumo certo — ficam a meio caminho no trabalho de desvendamento ideológico e, mesmo, a meio caminho no próprio trabalho especificamente semiótico, se é que existe tal coisa.

O problema começa a ser resolvido, no sistema de Peirce, desde o momento em que se constata a impossibilidade da existência de uma teoria do signo (no sentido de uma teoria imanente do signo) desacompanhada de uma filosofia do signo. Esta fornece as bases para a avaliação daquela, e o caminho para uma prática ideológica da semiótica pode ser obtido desde a definição do pragmatismo que sustenta a teoria de Peirce, e que pode ser transposta para o entendimento do signo.

Para Peirce[14], o pragmatismo é uma doutrina que consiste exatamente em que "uma concepção deve ser comprovada através de seus efeitos práticos". Ou, como nesta outra descrição do pragmatismo:

Considere quais os efeitos que possivelmente pode ter a influência prática que você concebe que o objeto de sua concepção tem. Neste caso, sua concepção desses efeitos é o TODO de sua concepção do objeto[15].

14. *Semiótica*, São Paulo, Perspectiva, 1977, p. 290.
15. *Semiótica*, p. 291. As maiúsculas são de Peirce.

Daqui, a transposição para a esfera do signo e do significado, sob o aspecto que está interessando, é imediata: o significado consiste em "fenômenos experimentais"[16]. E um fenômeno experimental

> é o fato afirmado pela proposição de que a ação de uma certa descrição terá uma certa espécie de resultado experimental; e resultados experimentais são os únicos resultados *capazes de afetar a conduta humana*[17].

Assim, o significado de um signo, ou soma de fenômenos experimentais implicada nesse signo, é dado pelo alcance que esse fenômeno tem sobre a conduta humana[18]. O significado, ao ter sua determinação ligada à "conduta racional" dos homens sobre os quais atua, conquista com Peirce uma "dimensão social: o significado não é uma idéia que o símbolo evoca na mente, mas conseqüência da conduta que gera nos homens (racionais)"[19].

Estas bases, transpostas para a teoria do signo — embora a esta altura já seja inadequado falar-se numa teoria do signo como algo separado da filosofia do signo — irão provocar a classificação do significado e do interpretante em três espécies distintas.

O primeiro modo do significado é o que está em causa quando se comunica um conhecimento, quando apreendemos o conhecimento que nos procuram dar. Este é, como ressalta Peirce, o grau mais baixo do significado, que se torna algo mais completo quando se leva em conta, para sua determinação, a soma total de todas as predições condicionais pelas quais a pessoa[20] que as utiliza pretende tornar-se responsável ou pretende negar. Essa intenção consciente ou quase-consciente constitui para Peirce o segundo grau do significado, que atinge o terceiro e último grau de seu desenvolvimento quando se leva em conta a soma das conseqüências produzidas pelo signo, e que vão desde as mais simples conseqüências de conhecimento às "revoluções na sociedade", como frisa Peirce[21].

A prática semiótica, para cumprir seus objetivos últimos, não pode deter-se nas etapas intermediárias da formação do significado, como fez aquela cujo modelo era o fonológico. A parada no primeiro nível permite apenas a

---

16. *Semiótica*, p. 293.
17. *Semiótica*, p. 294 (o grifo é meu).
18. *Idem, ibidem*.
19. Leonidas Hegenberg e Octanny S. da Mota na Introdução a *Semiótica e filosofia*, São Paulo, Cultrix, 1972, p. 18.
20. Esta nota, acrescentada no texto após sua redação, assume neste uma importância particular, razão pela qual foi colocada à parte, ao final da seção.
21. *Semiótica*, p. 160.

apreensão do que Lady Welby[22] denominou de Sentido, e que Peirce identifica como sendo a acepção do signo, sua mera definição — sua estrutura mecânica, enfim. A passagem para o segundo nível possibilita a captação do Significado, fornecido pela intenção constante do signo, mas somente com a chegada ao nível da Significação é que se pode dar por dominado o signo, isto é, a chegada ao nível "mais profundo e mais elevado"[23] da existência do signo, o nível do Interpretante Final. Interpretante este que, se não for igualmente analisado em suas três etapas, obrigatoriamente forçará a prática semiótica a permanecer encerrada dentro de seu círculo. Para permitir que a consciência reflita sobre si mesma, numa prática de transformação ideológica, será necessário distinguir entre o Interpretante Imediato (isto é, o Sentido, aquilo que o signo expressa, o efeito não analisado que o signo foi calculado para produzir) e o Interpretante Dinâmico (o Significado ou, melhor, o efeito que o signo tem sobre quem o recebe). E distinguir entre este e o Interpretante Final, quer dizer, a soma das lições obtidas através do signo, os resultados capazes de afetar a conduta humana, a soma dos objetivos do emissor com os efeitos produzidos no receptor[24].

Será somente através da chegada a este último Interpretante que se poderá dar o passo rompedor da área de imanência a que muita prática semiótica se limitou e que é responsável pelo estado de resistência ideológica em que se encontra o signo: resistência reforçada exatamente pelo agente que deveria eliminá-la. Passo capaz de resgatar os "teóricos curtos, incapazes de ultrapassar a própria teoria"[25]. E esse movimento de transcendência, provocador da ruptura epistemológica imperiosa na prática semiótica, recusando a recusa de Hjelmslev, poderá atualizar o projeto inicial de Saussure para uma disciplina que estude a *vida* dos signos no seio da vida social e que só pode ser entendida como fazendo parte da psicologia social[26].

Poderia ser dito, no entanto, que o projeto desta prática semiótica transformadora talvez não saia direta ou exclusivamente do esquema peirciano — o que seria uma outra maneira de dizer que este projeto talvez contrarie os textos do teórico do pragmaticismo. Seria possível eventualmente superar uma objeção de contradição com a teoria de Peirce dizendo simplesmente que todo grande autor

22. *Idem*, p. 164.
23. *Semiótica*, p. 164.
24. Cf. *Semiótica*, p. 168 e C. K. Ogden e I. A. Richards, *O significado de significado*, Rio de Janeiro, Zahar, 1972, p. 287.
25. Mario de Andrade, *O banquete*, São Paulo, Duas Cidades, 1977, p. 61.
26. F. de Saussure *Curso...*, p. 60.

é suficiente grande para conter uma multiplicidade de aspectos e, mesmo, contrariedades múltiplas sem que isso invalide sua obra — caso em que somente graças a uma infelicidade gritante se correria o risco de deduzir dessa obra um projeto que de fato fosse sua negação. Será melhor, no entanto, apontar diretamente para o nó da questão, lembrando de qualquer modo, apenas, em primeiro lugar, que embora Peirce sempre se tenha preocupado com a clareza das idéias, nem sempre seus textos se mostram absolutamente claros mesmo para uma mente atenta; e, em segundo, que contrariedades ou quase-contrariedades também podem ser vislumbradas ou pelo menos suspeitadas em seus ensaios.

O ponto de discussão estaria na distinção possível entre Interpretante e Intérprete, capaz de contestar a introdução do sujeito na prática semiótica e a deslocação da atenção da esfera da cadeia de signos para a esfera dos fenômenos experimentais e seus efeitos sobre o receptor.

De fato, seria possível dizer, com Peirce, que o Interpretante seria aquilo que se forma na mente do Intérprete e que valida o signo mesmo na ausência do Intérprete. Isto é, que o Interpretante seria uma cadeia infinita de signos ou, ainda, que o Interpretante seria um signo do signo. No mesmo texto em que se foi procurar legitimar a noção do significado enquanto fenômeno experimental, é possível encontrar uma proposta segundo a qual o significado de um signo seria um outro signo que estaria no futuro[27]. Segundo o pragmaticista, o significado próprio de um signo "é a forma na qual a proposição se torna aplicável à conduta humana, não nestas ou naquelas circunstâncias especiais, nem quando se tem este ou aquele propósito especial, mas sim aquela forma mais diretamente aplicável ao autocontrole em todas as situações, e que é aplicável a todos os propósitos", sendo por esta razão que o pragmaticista situa esse significado num tempo futuro: só assim seria possível para esse signo apresentar-se como "a descrição geral dos fenômenos experimentais que a asserção da proposição virtualmente prediz"[28].

Isso poderia validar a separação entre Interpretante e Intérprete e a focalização da atenção, pela prática semiótica, sobre o primeiro — quando então se voltaria ao círculo fechado da imanência do esquema semiótico. Mas este mesmo texto de Peirce é um daqueles onde se pode adivinhar a presença de contrariedades gerando aquilo que seria

---
27. *Semiótica*, p. 293.
28. *Idem, ibidem*.

a forma assintótica do pensamento peirciano. Com efeito, a certa altura seu ensaio sobre o pragmaticismo assume a forma de um diálogo entre um "questionador" e o "pragmatista" que são, obviamente, representações de um mesmo pensamento, de uma mesma consciência que reflete sobre si mesma, que se encontra mergulhada numa prática ideológica e numa prática teórica. E nesse diálogo fica claro que o pragmatista está decidido, conforme diz o questionador, "a transformar o Fazer na Coisa Essencial e no Objetivo Final da vida", perguntando ainda o questionador por que, neste caso, o pragmatista não se decide a fazer "o significado consistir simplesmente no fazer"[29]. No meu entender, Peirce acaba por decidir-se nesse sentido: essa quase-indecisão desse texto sobre o pragmatismo (de 1905[30]) será superada pela proposição sobre o Interpretante Final constante de um segundo texto (de 1909)[31] no qual Peirce fará esse Interpretante depender muito claramente do "resultado real" — o que coloca o problema do Intérprete, isto é, do sujeito, de seus objetivos e de sua conduta. Este era, aliás, o caminho obrigatório para Peirce se queria efetivamente que sua teoria tivesse sua razão de ser no repúdio claro por ele feito da "metafísica ontológica". Para Peirce, sua doutrina — e vale aqui citá-lo extensamente — serviria

para mostrar que quase toda proposição da metafísica ontológica ou é um balbucio sem sentido — *com uma palavra sendo definida por outras palavras, e estas por outras ainda, sem que nunca se chegue a uma concepção real* —[32] ou então é um absurdo total: de forma que assim que todo esse lixo for posto de lado, aquilo que restar da filosofia será uma série de problemas passíveis de serem investigados através dos métodos de observação das verdadeiras ciências — problemas cuja verdade pode ser atingida sem aqueles intermináveis mal-entendidos e controvérsias que têm feito da mais elevada das ciências positivas um mero divertimento de intelectos inúteis, uma espécie de xadrez; do prazer inútil, sua finalidade; e da leitura de um livro, seu método[33].

Com base nesta declaração de princípios inequívoca é que se pode apontar a superação do Interpretante[34] na direção do Intérprete, do sujeito[35], como um movimento que, mesmo não estando explicitamente inscrito no projeto de Peirce, teria sua trajetória legitimada enquanto decorrência possível ou quase-possível da doutrina pragmatista.

29. *Semiótica*, p. 294.
30. *Idem*, p. 283 e seg.
31. *Idem*, pp. 168 e 169.
32. O grifo é meu.
33. *Semiótica*, p. 291.
34. Entendido como um novo signo, como cadeia de signos.
35. Vital para a ocorrência da «ruptura epistemológica».

De resto, não há como evitar essa possível projeção do esquema peirciano (se é que ela não faz parte orgânica do todo de sua doutrina) se se pretende exercitar uma prática semiótica do teatro, por exemplo — do teatro não enquanto texto escrito mas como texto representado num espaço determinado, num certo tempo, diante de espectadores concretos. Esse texto teatral assim especificado só alcança seu significado pleno, sua significação, quando se apresenta como fenômeno experimental desenvolvido por e diante de intérpretes: atores e espectadores concretamente existentes, historicamente descritos, constituindo uma realidade do tipo aqui-e-agora. A significação de uma semiótica teatral nunca poderá ser dada por uma cadeia de signos que validem a proposição enunciada mesmo na ausência do Intérprete. Exatamente porque só existe diante desse Intérprete, o significado desse texto não pode ser apreendido como se tal texto constituísse uma entidade fechada. Tampouco pode ser entendido como o "significado no tempo futuro" que se apresenta como uma "descrição geral de todos os fenômenos experimentais que a asserção da proposição virtualmente prediz"[36].

Em relação a esse texto, nunca se poderá dizer que a descrição que dele possa ser feita preliminarmente *"terá"* uma certa espécie de resultado experimental"[37]. Esse resultado é imprevisível, no teatro: um mesmo conjunto de signos em cena, exibido a diferentes conjuntos de espectadores, poderá ter, perfeitamente, diferentes significados, imprevisíveis em sua extensão e profundidade. Assim como o mesmo conjunto de signos mostrado para o mesmo conjunto de espectadores num espaço e/ou tempo diferente poderá revestir-se de diversa significação. Será apenas através da consideração do Intérprete, na análise, que se poderá determinar o Interpretante Final desse texto; apenas através do sujeito será possível determinar a significação da semiótica. Sem a introdução do intérprete na análise, é possível sem dúvida levar a prática semiótica a certos níveis. É possível determinar, eventualmente, o Sentido (função da análise lógica) ou mesmo o Significado (a intenção). Em outras palavras, é possível desmontar a arquitetura do Interpretante imediato[38] e possivelmente do Interpretante Dinâmico. Mas estes, sem a verificação das causas, objetivos e efeitos, nada serão. E este levantamento, no caso da semiótica teatral em particular mas também em toda semiótica, só pode ser feito se a figura do Intérprete vier à tona.

36. *Semiótica*, p. 293.
37. *Semiótica*, p. 293.
38. Não o de tipo Emocional.

Sem este elemento possibilitador da "ruptura epistemólogica" na prática semiótica, toda análise de signo está condenada a ser iludida por si mesma e a não ultrapassar o estádio de uma prática técnica. Está fadada a não formar-se uma consciência. Nos próprios termos de Peirce[39], também a consciência é constituída por três elementos, correspondendo praticamente a três níveis de desenvolvimento: os Elementos de compreensão *(Sentimentos)*, os Elementos de Extensão *(Esforços)* e, em terceiro, os Elementos de Informação, ou *Noções*, formadas pela união entre a extensão e a compreensão. Sem o Intérprete, a Noção não se forma e a consciência se perde sem ter chegado a existir. Assim como não se consegue a constituição da Noção naquelas práticas semióticas que se esgotam nos caminhos do primeiro modelo fonológico ou naquelas que acreditam na ilusão do texto autônomo, do texto como entidade fechada capaz de engendrar dentro de si seus próprios significados: estas práticas não superam o estádio do xadrez de que falava Peirce, cujos limites são as bem próximas e estreitas margens do tabuleiro e que outra coisa não proporcionam senão o prazer inútil da teoria incapaz de superar-se.

Estas práticas semióticas curtas, incapazes de apresentarem-se como prática ideológica e como prática teórica, são também incapazes de penetrar no signo e, ao invés de superar sua resistência ideológica, reforçam-na mais ainda; ao invés de tentar integrar os discursos fragmentados num todo de alguma forma coerente (numa consciência totalizante de um sujeito que tenta ser coeso), elas mesmas se apresentam sob a forma de uma ideologia absolutamente massacrante, *i.e.*, de um "discurso fragmentado — e fragmentante — que tem a coerência de uma neurose e uma função determinada em relação ao todo"[40]. Isto é, funcionando como discurso ideológico e não como prática ideológica, exercendo-se como prática técnica, essas práticas semióticas surgem como textos alienantes cuja função constatada é a cimentação do sujeito num campo fechado, sem horizontes, onde ele não tem condições de desenvolver-se.

A passagem por esta descrição da ideologia como "discurso fragmentado/fragmentante..." permite chegar ao ponto principal que se pretende pôr aqui em destaque: a estratégia para a atuação dessa prática semiótica expandida a partir do esquema de Peirce. Na medida em que o

39. *Idem*, p. 304.
40. T. Herbert, *op. cit.*, p. 221.

signo é um *discurso,* o processo de sua dissecação (a prática teórico-ideológica) pode ser iniciado através dos instrumentos de uma teoria do signo (como a teoria de Peirce). Enquanto entidade *fragmentada/fragmentante que tem a coerência de uma neurose,* a prática teórico-ideológica exigida seria a da psicanálise como disciplina do inconsciente. E enquanto componente *com função determinada e determinante em relação ao todo social,* a prática requerida seria a da história como disciplina das formações sociais[41].

Esse rumo, o único possível para a prática semiótica, sem dúvida lhe retira o caráter de disciplina dotada de características próprias que ela, com tanto empenho, tentou ocasionalmente reivindicar para si mesma. Mas a construção interdisciplinar e a ousadia de fugir abdutivamente dos esquemas iniciais — tentando ir além da teoria e com isso validá-la — apresentam-se como a possibilidade de não se frustrar os planos de Saussure e Peirce em relação a uma disciplina dos signos voltada para a comunidade, para o social, para a esfera do real em contraposição ao insensato jogo de palavras.

Este mesmo rumo — isto é, a introdução do Intérprete[42], como elemento de validação da semiose, o relacionamento entre Interpretante e ação e a aproximação entre semiótica, psicanálise e história — é ainda o único possível para uma prática teórica que pretenda uma atuação política e ideológica. Ao mesmo tempo em que essa proposta retira da teoria de Peirce todo traço de comportamentalismo e funcionalismo que eventualmente lhe poderia ser atribuída, ela deve poder mostrar que uma teoria da praxis social não pode razoavelmente subsistir sem o recurso a uma teoria da práxis individual e sem uma teoria do discurso em sentido estrito. Ainda que essa teoria da práxis social se apresente como a teoria em última instância globalizante e a única capaz de promover uma efetiva ação ao nível do real, ela nada poderá fazer se não contar com os instrumentos adequados para o combate ideológico num dos campos privilegiados desse conflito: o do discurso. Ver na prática semiótica isolada a grande arma é uma ingenuidade: um signo não pode ser combatido ideologicamente com outro signo, sendo afetado apenas quando for atacado naquilo que o funda, seu objeto. Mas ver nas teorias da práxis social o instrumento que se coloca no horizonte insuperável da prática teórica, e que portanto pode

---

41. T. Herbert, *op. cit.,* p. 222.
42. Ver texto desta nota ao final da seção.

desprezar um recurso específico como o da semiótica, é deixar intato, e mesmo contribuir para seu florescimento, o inimigo visado: a fetichização do signo. O combate ideológico ou é total, com cada reduto sendo atacado por intermédio de um agente específico, ou não passa, este sim, de inócuas declarações de intenções e jogos intelectualizados cujos resultados práticos são desde logo conhecidos: nada.

Nota 20 da página 87

É imprescindível para a prática semiótica ter sempre em mente que a existência do signo está condicionada à existência da pessoa, que há sempre uma pessoa em ambas as extremidades do signo, que somente a pessoa será capaz de preencher o vazio ideológico de muita prática semiótica atual.

É verdade que, numa carta de fins de 1908 (cf. Ogden & Richards, *O significado de significado*, RJ, Zahar, 1972, p. 288), ao definir o signo como tudo que, determinado por uma outra coisa (o Objeto), determina um efeito *sobre uma pessoa* (efeito por nome Interpretante; o grifo é meu), Peirce acrescenta que a inserção de "sobre uma pessoa" é "uma isca para cativar Cérbero, pois já perdi a esperança de fazer com que minha concepção mais ampla seja entendida". Esta isca, no entanto, acaba surgindo na verdade como o elemento legitimador por excelência da doutrina de Peirce, particularmente se o objetivo for o rompimento da resistência ideológica do signo e de sua interpretação. Ela se apresenta, mesmo, como o traço capaz de contrabalançar ou diminuir o idealismo da doutrina peirciana, idealismo cuja sombra projeta-se constantemente sobre seu pragmaticismo. De todo modo, em última instância sempre seria possível manter intata a "concepção mais ampla" de sua teoria — aquela para a qual, ao nível do virtual, a presença da pessoa não é necessária — ao mesmo tempo em que, para uma operação sobre o imediato e o concreto, se aceitaria como impositiva e incontornável a isca de Peirce. Afinal, a fome dos Cérberos não é apenas mítica.

Nota 42 da página 93

Em "The esthetic sign in Peirce' semiotic" (*Semiotica* 19 — 3/4, 1977, p. 241 e seg.), J. Jay Zeman, depois de lembrar que Peirce fala do Interpretante como sendo produzido "numa mente", sugere que talvez o Interpretante não esteja "numa" mente ou num intérprete assim como um pedaço de manteiga estaria num pote, como de fato não está: o Interpretante constitui a mente e o intérprete, o Interpretante é a mente. Neste caso, o intérprete se apresentaria como um *continuum* de interpretantes historicamente existente, e o Interpretante seria tomado como um corte transversal do intérprete. Este entendimento justificaria a distinção entre Interpretante e Intérprete, contribuindo para ressaltar a necessidade de uma abordagem do Intérprete: se é claro que os interpretantes constituem o intérprete (devendo a análise incidir sobre eles se se pretende um quadro do intérprete), este por sua vez deve ter algo a dizer sobre os interpretantes — caso contrário, se estaria endossando a tese segundo a qual a língua fala o homem sem que tenha este qualquer possibilidade de reagir sobre aquela.

A presença do *homem* nos textos de Peirce e a necessidade de levá-lo em consideração (sem o que se cairia nos "devaneios metafísicos") tornam-se ainda mais evidentes quando Peirce diz que "o homem é um signo". Esta proposta não deve ser entendida no sentido de uma identificação absoluta (homem = signo) — quando então bastaria um estudo puro do signo para saber-se o que é o homem — mas no sentido de um relacionamento. E se relacionar, como mostra Hjelmslev, é aproximar coisas diferentes, o estudo do interpretante enquanto signo (cadeia infinita de signos) exige ser complementado pela abordagem do homem enquanto entidade "historicamente existente" capaz, só ela, de avaliar o signo-interpretante. Neste caso, os interpretantes constituiriam os intérpretes, mas este processo de constituição somente se completaria no momento em que o intérprete se apossasse desses interpretantes, isto é, no momento em que a consciência refletisse sobre si mesma, no momento em que deixasse de ser "consciência" para ser "consciência *de*". O idealismo perfeito, baseado na crença de que a cadeia infinita de interpretantes resolve o problema da significação, seria assim combatido com a instalação de um ponto de validação da significação que seria o momento em que o Interpretante se tornaria não o Interpretante de um outro Interpretante, mas o Interpretante do Intérprete. Sem esse processo, a cadeia infinita de interpretantes, podendo ser tudo, nada é.

Se é necessário tomar cuidado para não rebaixar o pragmaticismo de Peirce ao nível do pragmatismo (do qual ele tanto fez questão de distinguir-se), torna-se igualmente imperioso não rejeitá-lo para a esfera do idealismo por ele igualmente combatida e na qual ele mesmo tende a cair (e ser pelos outros nela mergulhado) se não se fugir da cadeia de interpretantes que dispensa os intérpretes. E se, de algum modo, a introdução do intérprete for incompatível com a teoria peirciana, então será necessário reformá-la.

Ainda a respeito do destaque a ser dado ao Intérprete, entendido como sujeito concretamente determinado, deve-se observar que esse sujeito está sem dúvida presente na teoria de Peirce: o Interpretante Dinâmico não é outra coisa que o efeito produzido pelo signo sobre *quem* o recebe (o destinatário). Assim como está presente no Interpretante Final: a soma dos objetivos *do emissor* com os efeitos produzidos *no receptor*. Mas sua presença não se verifica no Interpretante Imediato de tipo não-Emocional — a não ser sob a forma de um sujeito etéreo, eterno e por isso mesmo a-histórico, anterior ao sujeito que utiliza agora esse determinado signo e também posterior a ele e, portanto, fora e acima dele. O Interpretante Imediato é o Sentido, aquilo que o signo expressa, isto é, expressa hipoteticamente, em *n* circunstâncias possíveis e virtuais. É o sentido congelado, o sentido dos repertórios e elencos imobilizados; é, este sim, aquilo que valida o signo mesmo na ausência do Intérprete. Ainda que se diga, com Peirce, que o Interpretante Imediato é o efeito que o signo foi calculado para produzir — e este "calculado" implica um sujeito calculante, de algum modo — em sua conceituação fica claro que esse efeito calculado do signo é um efeito *não analisado*. Com isto, aquele sujeito introduzido no "cálculo" é subtraído neste "não analisado", voltando-se, neste Interpretante, à situação de um signo que dispensa (ou despreza) o sujeito, à situação da língua que fala o homem. É nesse Interpretante Imediato que será necessário introduzir a categoria histórica, a análise do sujeito individual e historicamente determinado, como garantia de adequação da prática semiótica. Esse era de fato o rumo apontado por Peirce ao propor as categorias dos Interpretantes Dinâmico e Final e que de certa forma permaneceu algo soterrado pelo indício, reforçado por muitos de seus seguidores, de uma preocupação maior com o processo da interpretação em si. Neste caso, o destaque aqui dado à presença do Intérprete deve ser entendido mais como uma ação de ressaltar que existe em Peirce esse componente da semiose e que ele deve ser levado em consideração, deixando-se de insistir nessas análises que se detêm ao nível do Sentido e que comodamente procuram refugiar-se na teoria do signo que explica o signo. Uma ciência, para ser tal, deve ser ciência do geral — e é aqui que o Interpretante Imediato encontra seu lugar. Mas sem a validação fornecida pelo particular — e aqui entra o sujeito — essa ciência nada será, nenhum sentido terá para esse sujeito.

DISCURSO BUROCRÁTICO E PRODUÇÃO DO SENTIDO seguido de SEMIÓTICA OU SEMIOFANIA

Estes dois textos foram apresentados durante as reuniões do 31.º Encontro da Sociedade Brasileira Para o Progresso da Ciência — 1979, nos quadros das mesas, respectivamente: "Sócio-semiótica: discurso burocrático, científico e político" e "Dilemas da pesquisa semiótica e lingüística no Brasil".

A idéia inicial era incluir, neste volume, apenas o segundo texto ("Semiótica ou semiofania") dado seu caráter específico de discussão (inexistente no primeiro) a autorizar sua presença aqui dado o plano geral da obra.

No entanto, incluiu-se também o primeiro na medida em que o segundo dele decorre diretamente — o que forçaria uma reelaboração de sua redação caso o outro texto não estivesse presente. Mas se este foi admitido é porque com ele se pode ter uma visão do que seja uma semiótica burocratizada e seus efeitos, além de esboçar uma aplicação no campo da sócio-semiótica, cujo desenvolvimento pode dar à semiótica uma outra rica dimensão.

1. DISCURSO BUROCRÁTICO E PRODUÇÃO DO SENTIDO

A burocracia, na proposta de Hegel[1], deveria apresentar-se como um corpo de servidores "civis" e "superiores" recrutados por concurso nas classes médias da sociedade e cujo objetivo seria a formulação dos interesses comuns e a manutenção da unidade do Estado. A atividade desse corpo seria, em princípio, não-arbitrária uma vez que estaria sob a supervisão do "monarca", de um lado, e sob a pressão das "corporações", de outro.

Ressaltando que essa tentada mediação na verdade não resolvia as oposições historicamente determinadas — apenas mascarando-as, na melhor das hipóteses — Marx via na proposta de Hegel nada mais que a instauração de outro processo de alienação: o indivíduo, já alienado na monarquia, passava a ser ainda mais alienado no poder cada vez maior da burocracia. Fora daí, a burocracia — que veio a existir para resolver problemas e que começou a engendrá-los a fim de assegurar sua razão de ser — transformava-se num fim e sua produção era (como é) *nada*, zero. Nada além de um círculo, diz Marx[2], do qual ninguém escapa. Um círculo sustentado pela hierarquia do conhecimento — do "conhecimento", mas não do saber, isto é, apenas, o conhecimento das normas secretas. Mais do que no conhecimento, uma hierarquia baseada no segredo, no mistério, no vazio e na autoridade.

Essa burocracia engendra um discurso do mesmo modo como, ainda num círculo, o discurso apresenta-se como o lugar que instaurará a dominação, a sujeição (não o sujeito), o poder: o sistema se realimenta, figura esta tanto mais nítida quanto hoje, extinta a monarquia na máscara pela qual Hegel a via, o poder advém diretamente da burocracia e a burocracia é legitimada pelo poder.

1. *Hegel's Philosophy of Right*, Oxford, The Clarendon Press, 1962, § 297.
2. K. Marx, *Critique of Hegel's «Philosophy of Right»*, Cambridge, University Press, 1970, p. 47

O discurso burocrático, no entanto — na medida exata em que é o lugar da alienação — sente que deve escamotear de sua fala a questão do poder. E é isso o que faz: a ausência da questão do poder significa que se está deixando no vazio a questão daquilo que instaura esse poder, a questão do sujeito[3]. Como o poder, o discurso burocrático é anônimo, sem rosto, sem marca.

E, no fundo, sem voz. Seria possível insistir numa distinção inicial entre discurso e diálogo, como faz V. Flusser, e propor o discurso como o lugar da simples passagem de uma carga de dados de uma mente para outra (de um Interpretante para outro sem que haja interpretação), enquanto o diálogo apresenta-se como um real jogo de interação entre dois, um jogo de perguntas e respostas capaz de gerar informação e, assim, mudar comportamentos. Sob esse aspecto, o discurso se apresenta como uma fala de um sujeito para um sujeito inexistente; pressupõe alguém que diz e, do outro lado, alguém que cala. Fala-se para alguém que não existe. Seguindo uma pista paralela, isso levou Freitas Interlandi a falar acertadamente — analisando o discurso político de Vargas — no "silêncio do interlocutor". No discurso burocrático, porém, o silêncio é geral. Do lado do "falante", que não o é, há o silêncio do anonimato indispensável para evitar a instauração do sujeito; há, em suma, o auto-escamoteamento da fonte no e pelo discurso — mas apenas, por certo, ao nível do discurso. E do lado do ouvinte, nada mais há que o silêncio, o silêncio engendrado pelo "falante", o silêncio da alienação, o silêncio do espelho opaco que não permite a constituição do eu, do sujeito.

Esse apagamento do sujeito é um ponto comum entre certo discurso político e o discurso burocrático. Mas trata-se de dois tipos de discursos que se distinguem por outros traços além desse, manifestado em ambos com variado grau de intensidade: eventualmente menor no político e maior no burocrático. Com efeito, a eliminação do sujeito no e pelo discurso burocrático talvez seja mais radical. Neste sentido, partindo das análises de Castoriadis[4] sobre a sociedade burocrática, se poderia propor o discurso burocrático como o discurso do vazio ideológico, *i.e.*, o da ausência da transformação de uma consciência *dada* em uma consciência produzida. Em suma, como o discurso da eliminação da consciência. Nesta visada, o discurso burocrático teria por finalidade ocultar, antes de mais nada,

---
3. Jeanne Marie Freitas Interlandi, *Os Primeiros de Maio de Vargas*, São Paulo, Tese apresentada na ECA-USP, 1978, mimeog.
4. C. Castoriadis, *La société burocratique*, 2, Paris, UGE, 1973.

a ausência de uma empostação ideológica a sustentá-lo e, de qualquer modo, seu objetivo primeiro seria prover aos assuntos e negócios imediatos e pessoais daquele corpo de "civis superiores" pensado por Hegel. O discurso burocrático nada mais teria do que uma ideologia aparente, do mesmo modo como aparente é seu pensamento. Os discursos políticos registrados nas falas dos dirigentes das sociedades burocráticas ditas socialistas nada mais são, como ressalta Castoriadis, do que uma ronda de citações deslocadas e esterilizadas cuja finalidade única é mascarar e compensar a ausência de vida real. Não são discursos políticos, não são discursos ideológicos: apenas (embora não "meros"), discursos burocráticos. A formação do sujeito se faz através da história e da ideologia, isto é, do discurso político e do discurso ideológico capazes de se proporem como *práticas* políticas e ideológicas, como transformações de uma situação e de uma consciência. O discurso burocrático, no entanto, visando a eliminação do sujeito, se apresentaria como um buraco negro ideológico e uma atopia histórica — exatamente por isso apagando o sujeito ao mesmo tempo em que tenta manter a coesão do organismo social, coesão através da força, da alienação.

Partindo da idéia de que o sujeito é o espaço de produção do sentido, sem um sujeito o discurso só será a fala da insensatez, do desatino — o discurso da loucura, da alienação. E se se toma como postulado a noção de que não há sentido que não seja ideológico, o discurso sem sentido da burocracia surgiria inicialmente como discurso não--ideológico. Há, no entanto, outro ângulo sob o qual abordar as relações entre o burocrático e o ideológico. Tal como foi enquadrado, o burocrático seria um discurso não--ideológico na linha mais tradicional segundo a qual se costumava entender o ideológico: como um repertório de valores, como conjunto de conteúdos — conceituação esta subjacente à tese de Castoriadis. Se, porém, for entendido com Veron[5] que a ideologia é, antes, uma *gramática de engendramento* do sentido e, de outro lado, que o sentido do discurso burocrático é o não-sentido (o insensato, a alienação), este discurso estaria, sim, gerando um sentido e seria ideológico. Com efeito, todo discurso gera poder — particularmente quando se distingue entre discurso e diálogo —, poder este que pode ser descrito como sendo os efeitos desse discurso no interior de uma determinada tra-

6. E. Veron, «Sémiosis de l'idéologie et du pouvoir», *Communications* n. 28, Paris, Seuil, 1978.

ma de relaçõs sociais. Efeitos *na* trama e efeitos que *geram* a trama. E o discurso burocrático de algum modo gera esse poder e consegue mantê-lo — pelo menos até agora. É, pois, ideológico, embora seu efeito inicialmente mais visível seja exatamente o de cobrir um vazio ideológico. Há assim um conflito, uma quase contradição no interi · desse discurso, responsável por sua esquizofrenia e seus efeitos esquizóides e derivada do fato de ser a burocracia um fim e não um meio. Mas, ressalte-se, há nele apenas um conflito e não um real jogo dialético que, existindo, poderia eventualmente levar à superação dessa condição. A ausência dessa relação dialética faz com que o discurso burocrático se apresente como sendo, em si, conservador e, mesmo, reacionário — o que não se pode afirmar de todo discurso político e de todo discurso ideológico.

Como combater esse discurso burocrático? Apesar das distinções entre ele e os discursos político e ideológico, estes não se apresentam rigorosamente como seus contrários ou contraditórios. E isto porque todo discurso político e ideológico está não apenas, constantemente, a um passo de converter-se em burocrático, como acaba não conseguindo evitar, o tempo todo, de ser invadido por traços burocráticos.

Uma pista para a saída talvez possa ser encontrada a partir da comparação, nas sociedades capitalistas ou capitalistas de estado ditas socialistas, entre o sistema de circulação de mercadorias e o sistema de circulação de signos. Há alguns anos, Derrida[6] observou que a base para uma reflexão fiel sobre o discurso dos signos residia numa descrição crítica do dinheiro. É de fato imediata a conclusão segundo a qual, uma vez que a moeda substitui as coisas por seus signos, a circulação destes acaba se processando sobre um sistema idêntico ou equivalente àquele em que se baseia a circulação da moeda. Em outras palavras, os indivíduos acabam por definir-se através de um sistema de troca de signos do mesmo modo como são definidos pelo sistema de troca de mercadorias. O lugar que ocupam, suas esperanças, são inteiramente determinados por este último sistema — e deste não estão livres nem o discurso político, nem o ideológico.

Nestes termos, seria lícito falar-se na *produção* ou num modo de produção do discurso da mesma maneira como Marx descreveu a produção econômica do ponto de vista social, *i.e.*, enquanto sistema de produção, distribui-

6. *De la grammatologie*, Paris, Seuil, 1969. [Trad. bras.: *Gramatologia*, São Paulo, Perspectiva, 1973.]

ção e circulação de mercadorias. Nesse quadro, Marx analisa o trabalho como valor e estabelece uma distinção entre dois tipos de valores, o de uso e o de troca. Em linhas gerais, do ponto de vista do valor de uso o trabalho poderia ser entendido como um dispêndio de força humana num sentido concreto e útil — assumindo portanto o caráter de produção de utilidades reais passíveis de atenderem as necessidades humanas bem definidas. Como valor de troca, o trabalho surge como produto posto em circulação sob uma natureza simbólica na medida em que não é de imediato útil, não atende diretamente a alguma necessidade específica. Sob este aspecto, o trabalho aparece, por exemplo, trocado por moeda. Em qualquer hipótese, porém, no processo de produção sempre haverá um valor, de uso ou troca, atribuído ao trabalho.

Em sua prática, a análise marxista se aterá sempre a um entendimento do trabalho como valor e abordará de preferência a questão do valor de troca, isto é, o trabalho enquanto produto posto em circulação. Julia Kristeva[7], no entanto, sugere a possibilidade de pensar-se o trabalho fora do quadro do valor e do bem produzido e posto em circulação simbólica — através, no caso que aqui interessa, da cadeia discursiva. Nesse nível, partindo de uma observação de Marx constante de *O capital,* e segundo a qual é possível falar-se da atividade produtiva do homem fazendo-se uma abstração não só de seu caráter de troca como de seu caráter de utilidade — quando então essa atividade surge sob a forma de um simples dispêndio de força humana feito por um corpo — o trabalho não representaria valor algum e, portanto, *nada diria.* Não teria um sentido, seria um "trabalho pré-sentido" — algo capaz de fugir às normas do discurso tal como hoje este se apresenta e que indicaria a possibilidade de um discurso pressentido.

Esse discurso pré-sentido não é um irrealizável. Sua existência precede sua teorização: a teoria freudiana do trabalho de sonho descreve um processo, o do sonho, que não é de troca (nem de uso, segundo Kristeva) de um sentido (de um valor), mas que é, sim, um jogo permutativo cuja finalidade seria modelar a própria produção. Kristeva observa que a partir de Freud seria possível falar do trabalho (diríamos: do discurso) como "sistema semiótico particular" promovido no interior da fala comunicativa mas dela diferindo na essência. De fato, em Freud o processo de sonho apresenta-se como produção pré-representativa,

7. *Recherches pour une sémanalyse.* Paris, Seuil, 1969.
8. The Basic Writings of S. Freud. New York, The Modern Library, s.d.

e o próprio Freud declara, em *A interpretação do sonho,* que o trabalho do sonho não pensa, não calcula, *i.e.,* não premedita, nem mesmo julga, contentando-se apenas com *transformar.*

É possível contestar a idéia de Kristeva segundo a qual o trabalho de sonho não se constitui num processo de uso, embora seja claro que não é de troca. No sistema de Freud, esse processo de transformação não apenas é útil como vital ao homem e, neste caso, conforme a descrição de Marx, o processo assumiria a forma de um dispêndio de energia num trabalho concreto e útil — configurando-se o valor de uso ou algo equivalente. Neste caso, esse processo teria um sentido. Não o sentido da lógica tradicional, mas não deixaria de ser um sentido tal como o entende Hjelmslev, por exemplo: uma substância primeira subjacente a todas as variadas formas de manifestação dos diversos significados e instauradora do próprio processo de significação. No caso do sonho, um Sentido instaurador do próprio homem — o que desde logo levanta a hipótese de que o conteúdo do discurso burocrático não é de fato o discurso político ou o ideológico mas, sim, esse discurso que, recusando-se o nível da troca, assume a forma de um discurso pressentido, um discurso do pré-sentido. A forma de uma produção do sentido e não de um sentido-produto. É certo, por um lado, que a linha levantada a partir de Marx apontava para a direção de uma atividade produtiva considerada independentemente de seu caráter útil e identificada como um simples dispêndio. Imperioso, porém, será verificar se tal abstração não surge mais como uma figura de análise, exigida pelo exercício teórico, do que como uma realidade concreta, ou mesmo como uma possibilidade. De fato, não é possível, como faz Kristeva, manifestar numa única linha escrita que o trabalho de sonho recusa revestir-se do valor de uso. Este registro, porém, não deve impedir que se pense no contraditório do discurso burocrático como sendo esse discurso que, recusando o valor de troca, apresenta-se como uma espécie de transubstanciação do valor de uso; como um discurso, enfim, necessário e útil ao sujeito mas gerado pela estrutura mais interna e vital desse sujeito, estrutura que engendra o discurso ao mesmo tempo em que é engendrada por ele, numa relação efetivamente dialética. Esse discurso, que destrói o poder do discurso burocrático, é, num primeiro momento, o discurso-lugar do inconsciente, estando com isso em condições de promover a ligação entre a "linguagem, a história, a sociedade e a singularidade do sujeito"[9].

9. Freitas Interlandi, op. cit., p. 3.

No plano da expressão, esse discurso pressentido não assumiria, por certo, apenas a forma do sonho. É possível inicialmente concebê-lo, por exemplo, como o discurso do corpo, do cotidiano e da diferença, como o discurso da Primeiridade. Eventualmente, pode ser o discurso do signo ligado diretamente à qualidade do objeto e que não se preocupa tanto com a abstração, com a referência. Num nível mais banal, e não muito rigoroso, é o discurso das ruas que teriam por nomes a Rua do Relógio ou do Mercado ou das Noivas e não — como quer o discurso burocrático, "anonimizando" quando pretende dar um nome — a rua Antonia de Souza ou Marechal Deodoro. É, mais especificamente, o discurso poético, mas também o discurso do comunicado oficial dos administradores que se apresentem não como entidades abstratas mas como sujeitos, como pretendia Aristóteles em seu sistema de governo. Somente esse tipo de discurso pode respeitar o sujeito como real centro de passagem das operações de produção do conhecimento.

2. SEMIÓTICA OU SEMIOFANIA

A semiótica capaz de identificar e combater o discurso burocrático, e que poderia passar da crítica de negação para a construção efetiva, teria assim que passar necessariamente pela trilha aberta pela psicanálise e, de modo particular, por aquela psicanálise capaz de operar com o conceito de linguagem.

Só isso, porém, é insuficiente. O discurso burocrático não pode pensar verdadeiramente seu próprio sistema (é uma impossibilidade lógica, política e ideológica), mas tampouco pode ser pensado por uma semiótica burocrática ou burocratizada. Por uma semiótica que insiste em apresentar-se como apenas mais uma força do discurso burocrático. Por uma semiótica que freqüentemente nada mais é que uma ronda de citações.

Como romper esse círculo? Uma pista para a resposta se poderia ter na observação de que é necessário escapar aos controles rígidos do racionalismo mais extremado que se reveste, de um lado, com as cores do positivismo (no melhor dos casos) e, de outro, com as máscaras do materialismo — desembocando ambos os pensamentos, de algum modo, numa produção epifenomênica e mesmérica na qual nada de novo é dito e efetivamente feito. A marca desse racionalismo primeiro (para não dizer primário) espalha-se como sinal totêmico pela grande maioria — senão pela totalidade — dos centros de estudo e pesquisa de semiótica no Brasil, tornando tabus seus objetos e métodos. Mas um uso na vertical dessa mesma razão pode pelo menos cravar uma cunha nesse círculo, permitindo com isso uma aproximação do limiar do não-racional.

Um começo possível, neste caso, poderia manifestar-se com Ch. S. Peirce. Como se verá, há mais de um motivo para recorrer ao pensador norte-americano na tentativa de escapar ao dilema que envolve a produção semiótica no Brasil (e não só aqui, por certo), produção-esfinge que, em relação à matriz mítica, apresenta o curioso traço da tendência à autofagia.

Há, para Peirce[10], três categorias da consciência. Uma delas — por nome Secundidade — consiste na realidade, naquilo que acontece num lugar e num tempo relacionando-se com outros existentes. É o nível do fato, do feito, do produzido; envolve esforço, reação, dispêndio. Mas além deste, há dois outros modos de ser. Um deles — Primeiridade — é o modo de ser que consiste em algo ser tal independentemente de qualquer outra coisa; é também, o modo da possibilidade, apenas. Na Secundidade, o modo de ser de algo depende de como um segundo objeto é, atua sobre este e deste recebe influência; na Primeiridade, as coisas não agem umas sobre as outras e, embora existindo, não chegam a definir-se; podem também ser meras possibilidades. O terceiro modo de ser, a terceira categoria da consciência — Terceiridade — é o modo de ser que consiste no fato de que futuros fatos da Secundidade assumirão determinada natureza geral. É o nível da lei, do pensamento — isto é, da abstração. Um terceiro é o que é em virtude de atribuir uma qualidade a reações situadas no futuro, enquanto um segundo está no nível do *foi* e um primeiro, no nível do *é agora*.

Neste quadro das categorias de Peirce, o que interessa é a possibilidade de chegar ao mesmo pré-sentido, vislumbrado em Marx, e que, instaurando efetivamente o sujeito, poderia opor-se ao burocrático e resgatar a prática semiótica.

De fato, para Peirce, a segunda categoria é determinada pelo elemento de "luta", o nível da força, da resistência, do dispêndio de energia aplicada e transformada em algum objeto, algum feito. Conforme a pista dada por Marx, em relação e anteriormente ao valor de uso ou tro-

10. *Philosophical Writings of Peirce*, New York, Dover Publications, s.d.

ca produzido pelo trabalho haveria um estádio de puro dispêndio de energia.

Esse estádio, em Peirce, é o da Primeiridade, *i.e.*, o das qualidades, das meras possibilidades, do não necessariamente efetivado. O estádio do sentimento, na terminologia peirciana (ou do pressentimento, do pré-sentido) sobre cuja natureza a psicologia (ou a psicanálise) nada pode dizer e que não pode ser conhecido nem por introspecção por constituir, como diz Peirce, "nossa consciência imediata". Em outros termos, e efetivamente, o nível do pré-sentido. Do pré-sentido em termos rigorosos. Trocando o sentir de Peirce pelo pré-sentir, se teria aqui a instância "desse tipo de consciência que não envolve análise alguma, nem comparação ou qualquer outro processo, e que não consiste, total ou parcialmente, de ato algum pelo qual um traço da consciência se distingue de outro"[11]. Essa Primeiridade — e a idéia de Primeiro é predominante nas noções de vividez, existência e liberdade, básicas como contrários do burocrático — é absolutamente simples e sem partes e, sendo uma qualidade (portanto, mera possibilidade), não é consciente, *i.e.*, analisável. Isto nos leva, de imediato, à noção freudiana do pré-sentido exposta em sua doutrina sobre o trabalho de sonho que, como já citado, "não pensa, não calcula", não premedita, não julga: apenas, transforma. Leva-nos também à trilha indicada por Kristeva (embora as relações entre o ego e o non-ego, na terminologia de Peirce, sejam passíveis de apresentar reações de secundidade, tornando o non-ego um objeto da consciência direta).

Já existe na semiótica, portanto, um lugar para o pré-sentido, essa antítese por excelência do discurso burocrático. Espaço no entanto até aqui vago, particularmente no Brasil. Aquilo de que a semiótica anda tratando é dos Segundos, isto é, dos objetos pertencentes à segunda categoria, consistente dos fatos determinados e delimitados que já ocorreram, no passado. O presente imediato é posto de lado pela semiótica, numa atitude cuja significação é, literalmente, a alienação. Nesta sua prática, o que a semiótica está retirando do sujeito é nada mais, nada menos, que sua vida. Como diz Peirce (com o que concordaria Borges, em sua "Nueva refutación del tiempo"[12]), tudo que está presente imediatamente para um homem é o que está em seu momento presente, o que implica que toda sua vida está no presente. Ou, como diz Borges, a única coisa que

11. Peirce, op. cit., p. 81.
12. Jorge Luis Borges, *Otras Inquisiciones*, Buenos Aires, Emecé, 1976.

existe é o momento presente, sendo o restante do conjunto temporal nada mais que mera imaginação. Nesta proposta borgiana, o presente é a única coisa que mal algum pode nos tirar. Ora, não abrindo em si um espaço para isso, a semiótica está nos tirando esse momento, está se apresentando como um mal maior que o próprio mal. Não deveria ser assim, mas é exatamente disso que a semiótica está tratando: dos segundos e dos terceiros, isto é, das leis, do dever ser, do devenir, mas não do ser, do agora. Se isto não é alienação, nada mais será. Por certo, para combater alguma coisa é necessário conhecê-la, e como o discurso burocrático é um Segundo (nível do feito, do fato — e falar é fazer, como propõe Lacan), a semiótica tem de trabalhar na Secundidade. Não, porém, nela apenas — caso contrário, ela mesma se transforma num outro discurso burocrático.

Nesse seu procedimento capenga, a semiótica está cometendo o erro não pequeno de esquecer o inter-relacionamento das categorias da consciência. Como Peirce explicitamente indicou, as categorias não podem ser dissociais. Dando como exemplo do que entendia por dissociação o fato de que se pode pensar num som sem melodia, mas não numa melodia sem som, ressaltava que a Primeiridade pode prescindir da Secundidade e da Terceiridade, e a Secundidade pode prescindir da Terceiridade. Mas um Segundo não pode prescindir de um Primeiro, assim como um Terceiro não prescinde de um Segundo. Ora, o que a semiótica vem fazendo é exatamente tratar dos Segundos e Terceiros, dos Discursos e das normas, deixando de lado o Primeiro; não pode ser semiótica.

E exatamente aqui abre-se o espaço do dilema na prática semiótica no Brasil — e talvez não somente aqui. Como tratar desse Primeiro se ele é exatamente o pré-sentido, algo que não implica uma e não suporta uma análise, nem uma comparação? Se não pode ser conhecido nem mesmo pela introspecção? Qualquer abordagem desse Primeiro, desse pré-sentido, já implica uma sua reprodução e esta é algo diferente dele, ainda que a reprodução (isto é, o signo) se proponha para o mesmo Interpretante, para a mesma mente. Sendo um fenômeno da consciência imediata, para manter-se como tal todo Primeiro deve ser absolutamente idêntico a toda duplicata que dele possa ser feito. Isto, no entanto, implicaria uma simultaneidade de fenômenos e neste caso, para Peirce, a duplicata estaria em outra mente — e novamente aqui ocorre o dilema e, talvez a distorção, porque ou para esta segunda mente esse Primeiro também seria não-analisável ou tentaria ela uma análise da *matriz* desse Primeiro, e neste caso já estaríamos ao nível do Segundo (do Discurso) e do Terceiro (da Teoria). Seguindo a proposta poética de Borges, porém, essa *reprodução simultânea* seria, além de inútil para a prática semiótica, inviável: é que, em Borges, cada instante é autônomo e não admite contemporaneidade. Dois homens morrem "no mesmo momento", um em Buenos Aires e outro em Edimburgo: estes fatos (Segundos enquanto "esforço", mas Primeiros para os envolvidos) não são contemporâneos já que as vivências não se comunicam e que os instantes são absolutos. Serão fatos contemporâneos apenas para a História, mas neste caso não serão mais Primeiros e, sim, Segundos ou Terceiros.

Como resolver o dilema? Por certo seria possível, usando o próprio Peirce, alegar que as três categorias não podem ser dissociadas (nem umas das outras, nem de outras idéias), de modo que tratar de uma delas é tratar simultaneamente das outras duas. De fato, o próprio Peirce — como freqüentemente acontece em seus textos — era o primeiro a reconhecer que suas idéias a respeito não estavam propriamente claras, e que talvez suas categorias nem mesmo pudessem ser chamadas de concepções: tão tênues se apresentam que antes deveriam ser consideradas tonalidades de concepções, matizes. E, neste caso, seria de fato difícil deixar de considerá-las como um todo tão intimamente associado que tocar numa seria penetrar em todas. Este argumento, no entanto, não pode prevalecer, dada sua natureza facilitadora. E escamoteadora: ficar ao nível do Segundo (por exemplo, do Discurso) é na verdade relegar para o oblívio o Primeiro instaurador, é mistificar, é defender o primado do que se apresenta freqüentemente como acessório (como ocorre com o discurso político) em detrimento do que pode ser considerado básico para o sujeito, para a fundação do eu. Na verdade, ou a semiótica resolve a questão de como tratar a Primeiridade, o pré-sentido, ou efetivamente sua prática não tem sentido algum.

Poderiam alegar que o que está sendo pedido aqui é uma impossibilidade dentro da própria doutrina de Peirce, já que o Primeiro não pode ser apreendido mas apenas experimentado. Esta observação, contudo, não permanece em pé. Antes de mais nada, Peirce morreu antes de poder propor uma Estética — sua preocupação marcante ao final da vida — ou mesmo antes de poder vislumbrar o limiar desse espaço que seria tomado em sua maior área, sem sombra de dúvida, pela Primeiridade. Mas chegou a mencionar o problema a resolver, e em princípio nada indica que não se possa continuar de onde ele parou ao invés de repetir suas citações, numa eterna roda burocrática (de que o presente texto, afinal, não consegue escapar de todo).

Uma pista do caminho adequado pode ser encontrado em sua própria observação de que no Primeiro é predominante o sentimento enquanto algo distinto da percepção objetiva, da vontade e do pensamento. Isto conduziria a considerar a viabilidade da prática do diagrama poético de Bachelard, integrando no mesmo processo de abordagem (quase não se falaria mais em "sistema") os mais diferentes e contrários instrumentos do Interpretante, dos poéticos aos científicos. Deste modo se estaria também, talvez, promovendo a reunião das partes de um pensamento ocidental que se alienou quando se especializou ao dividir-se em seus setores científicos, técnicos, estéticos e outros, ao contrário de que ocorreu com outras formas de pensamento[13] e mesmo com o nosso em outros períodos históricos. Esta semiótica talvez, enfim, permitisse ao signo aparecer, ao invés de escamoteá-lo: semiofania.

---

13. Chang Tung-Sun, «A teoria do conhecimento de um filósofo chinês» in *Ideograma*, org. por Haroldo de Campos, São Paulo, Cultrix/EDUSP, 1977.

3. SEMIÓTICA SELVAGEM OU POÉTICA DO SIGNO

Chien andalou, de Luis Buñuel, começa com uma cena em que o olho de uma mulher, bem diante da câmera, em *close-up,* é cortado ao meio por uma navalha. Simples agressão ao espectador ("Que ele saia da sala", disse Buñel) ou — através da destruição de um olho viciado, de uma vistão anterior prisioneira de si mesma — proposição de um novo modo de ver a "realidade"? Para o Buñuel daquele momento, provavelmente ambas as coisas. Aqui, embora reconhecendo que um *novo modo* de qualquer coisa quase sempre começa como agressão, interessa reter sobretudo o poder do corte da navalha como instaurador de uma nova visão. Talvez seja este o verdadeiro "corte epistemológico" à cata do qual andam recentemente as ciências do estruturalismo.

Neste caso, e particularmente no que diz respeito à arte como objeto de análise, a navalha seria passada longitudinalmente através dos vários modelos semióticos. E os produtos ou estados estéticos não seriam mais vistos como linguagens, não constituiriam mais textos. Não haveria mais uma estrutura, os signos deixariam de sustentar-se e o sentido não teria uma lógica. Restaria apenas, para os estados estéticos, o domínio do Sentimento, da Sensação ou do Emocional — não se conseguindo evitar porém, como se vê, o recurso a Peirce. O da arte seria um código sem mensagem, a mensagem estética não teria código, o signo da arte seria um quase-signo, algo que já não é o caos mas ainda não é a ordem, como propõe Décio Pignatari[1]. Ou, na proposta de Peirce: um simples perfeito e sem partes.

Sob essa perspectiva, o estado estético não se apresenta como um *texto* (*i.e.*, um conjunto analisável de signos) mas, segundo J. F. Lyotard[2], como uma *trama*, uma tecitura de signos, uma configuração de signos apresentando algo que não é para ler mas *para ver*. Lyotard também fala de um olho, o olho de Breton, o olho "que existe em estado selvagem": o olho do sensível, não do legível. Não conseguindo escapar aos longos braços de Peirce, um olho que não faz nenhum esforço (recusando a Secundidade) e sem pretensão alguma de chegar a uma auto-reflexão ou a uma lei (recusando a Terceiridade). Um olho que se quer um Primeiro simples.

Em termos de leitura, o estado estético se apresentaria como um silêncio, povoado não por signos ou símbolos mas por figuras, isto é, por transcendências do símbolo, como quer Lyotard, por manifestações espaciais que o espaço lingüístico não pode incorporar sem se abalar, por uma figura apresentando-se como exterioridade absoluta que a linguagem não pode interiorizar em significação. Lyotard preocupa-se, em seu escrito, com o modelo lingüístico da semiologia. Se pensasse em Peirce, talvez dissesse que essa figura se apresentaria como exterioridade com a qual o intérprete só pode *entrar em contato* (Primeiridade), opondo a este intérprete uma resistência incapaz de ser superada por um esforço (impedindo a Secundidde, o Interpretante Energético) e portanto determinando a falência de um Terceiro, o Interpretante Lógico — quer

---
1. *Semiótica e literatura*, São Paulo, Perspectiva, 1974.
2. *Discours, figure*, Paris, Klincksieck, 1971.

dizer, impedindo a formalização da significação. Entregando-se antes à visão[3] que ao pensamento, esse estado estético coloca, para o intérprete, o silêncio do sentir; diante da fala, do texto, apresenta o silêncio da configuração, uma linha flutuante de quase-signos ao invés do discurso.

Colocar a arte como silêncio, como o ilegível, não seria tomar o partido da ilusão, ou o partido da aparência contra a essência? Não equivaleria a retornar às teses kantianas da impossibilidade do conhecimento ou à colocação hegeliana da indeterminação quase absoluta? Em outras palavras, não seria retornar a um beco reacionário sem saída, negando à obra de arte a posição de mediação do conhecimento, como quer G. Lukács? Não seria retirar dela o lugar da particularidade (centro de relacionamento) a propor-se como o instrumento da dialética generalidade x singularidade, supostamente a única capaz de levar ao conhecimento e de justificar a existência da própria arte?

Acredita Lyotard que o ilegível não se opõe necessariamente ao verdadeiro, que o silêncio do sentir e do apenas visível não leva necessariamente à ilusão. Cabe citar Braque: a verdade não tem contrário. E Freud: a verdade nunca aparece lá onde é esperada. Daqui, seria possível propor que a verdade pode mesmo ser encarada como aberração à sombra da significação e do saber, como algo que não passa pelo discurso da significação mas que aparece à superfície do quase-discurso através de efeitos de expressão, não de conteúdo. E mesmo admitindo que a verdade (seja na acepção peirciana desse termo) não vem em toda e qualquer expressão, e que há uma expressão da verdade e outra da ilusão, não se trataria de distinguir entre elas e escolher a verdade mas, sim, de sabê-las, ambas, constituintes da espessura de algo que, como o signo, é formado necessariamente por um verso e um reverso. E diante dessa espessura resistente, a única semiótica viável seria uma semiótica selvagem, a única compatível com o olho de Breton, uma semiótica que vê, que exercita uma atenção flutuante, que negligencia os princípios, os sistemas e o instituído para entregar-se à flutuação dos quase-signos com as variadas bóias eventualmente à mão.

Nessa perspectiva, não há como pensar na elaboração de uma teoria unitária de desconstrução ou abordagem dos estados estéticos pois teorias como essa não fazem mais que

---

3. Mas também à audição, ao tato etc.: *visão* e *olho* aparecem aqui antes em senso metafórico e mítico, como grande sentido captador e unificador do mundo exterior.

entregar-se à "loucura da unidade", a caça do "fantasma da origem", como diz Lyotard ou, mais simplesmente, à perseguição do ideal de explicação do cosmo, ambição iluminista e positivista de todas as épocas a amparar as semiologias e as semióticas, incluindo-se grande parte da pragmaticista doutrina de Peirce. Não haveria linguagem da arte, nem se poderia pensar em isolar suas unidades ou, simplesmente, em desmembrar suas partes: não há partes.

A arte ou, melhor: a construção poética, a poesia em seu sentido maior e primeiro de *construção*, se apresentaria assim, como sugere Gaston Bachelard[4], como um momento onde o que está em jogo é uma passagem, fenomenológica, para "imagens invividas, imagens que a vida não prepara e que o poeta cria". Ao invés de experimentar essa construção como uma linguagem estabelecida, trata-se de "viver o invivido e de abrir-se para uma abertura da/na linguagem". Neste caso, a única função do discurso poético (ou quase-discurso) seria "criar ser", criar o ser, criar a existência. E nesse trabalho, fica-se longe das concepções da linguagem como instrumento, das linguagens-sistema, ou mesmo do signo-lógica. Na visão de Bachelard, o discurso poético não significa nada anterior a si mesmo: apenas cria um ser novo, inseparável de sua manifestação e de sua experiência — e mais uma vez se cai na armadilha de Peirce, porque essa criação na experiência, e através do contato, que é imediata e não-analisável, é o Primeiro, o Interpretante Emocional.

Com essa perspectiva de Bachelard, a única semiótica admissível da construção poética seria a do diagrama poético ou uma poética do signo, que não é simplesmente um desenho ou a geometrização de estruturas de apoio, mas que integra as ambigüidades e contradições da abordagem num processo que, exatamente por isso, permite liberar a visão das formas áridas e preestabelecidas. Quer dizer: ao lado da poética-objeto inicial, uma quase-poética que seguiria de muito perto a primeira, respirando com ela, perdendo-se e reencontrando-se em seus labirintos da criação. Mais uma vez vem à mente (que não consegue, neste momento, deixar de ser um Terceiro, um Interpretante Lógico) o conto de Jorge Luis Borges sobre o homem que reescrevia o *Quixote* palavra por palavra, vírgula por vírgula: a única semiótica de uma construção poética seria uma outra construção poética que, Interpretando Emocionalmente a primeira, não poderia de modo algum deixar de usar as mesmas palavras usadas pelo primeiro intérprete, na mesma ordem original, ou pintar as mesmas coisas com as

4. *La poétique de la rêverie*, Paris, PUF, 1974.

mesmas cores do mesmo modo, ou propor as mesmas notas nos mesmos compassos com o mesmo andamento. Nesse momento, esse diagrama segundo recobriria inteiramente o primeiro em seus movimentos, encontros e desencontros, e se identificaria com ele: não estaria relacionado com ele, *seria ele*. Impossível? Talvez. Mas algo próximo disso pode ser tentado. Bachelard tentou, e conseguiu em grande medida.

Esta idéia de uma construção segunda idêntica à original poderia apontar na direção do fazer poético como solução e alternativa essencial para a aborgagem analítica, de modo a não haver mais o explicar, apenas o fazer primeiro. Mas permanece como traço próprio do homem a tentativa de explicar uma experiência simbólica vivida, como tendência que ele parece não ter ainda condições para contrariar. Neste caso, que doutrina seguir? A de Lyotard, ou a de Peirce? Talvez o modelo lingüístico? A estas perguntas é possível opor uma outra, no entanto: por que um modelo em detrimento dos demais? A prática do diagrama poético pode revelar-se perfeitamente satisfatória, integrando em si as propostas divergentes e convergentes dos diferentes domínios — bastando que se assuma uma linha mínima organizadora do enfoque para impedir que o caminho da abordagem se transforme num fantasma.

Não há porque recusar a aproximação semiológica ou semiótica como sendo o universo do formalismo e da morte do homem, como querem alguns cuja reação negativa diante desses métodos não consegue ocultar o fato de que a acusação de hermetismo assacada contra essas abordagens repousa antes no não-domínio delas — e o que não se conhece, se teme e, supõe-se, deve-se atacar. Por outro lado, não há como aceitar a postura dos semiólogos e semióticos que, entrincheirados em seus bastiões, recusam qualquer outra abordagem por nelas ver a algaravia delirante e vazia da filosofia e da ideologia. Peirce demonstra amplamente, com sobras, que uma união entre semiótica e filosofia é não apenas possível como inevitável. E Lacan — apesar dos que o recusam por preguiça de lê-lo — efetua uma união entre o signo e a psicanálise cuja necessidade já havia sido sentida por Freud.

Nessa linha, a semiótica abandonaria a rigidez — por vezes cadavérica, sem dúvida — dos métodos formais e se proporia como instrumento de construção, multiplicação, fruição dos signos: Semiofania, como em Barthes e Joyce. Abolindo-se a distinção entre criação e leitura, entre produção e crítica, restaria a festa dos signos.

B. INFORMAÇÃO

1. CONCEITO DE INFORMAÇÃO

Nos estudos de Teoria da Informação costuma-se fazer uma distinção entre *informação* e *significação*. De acordo com esse enfoque, a questão da significação é vista como algo dependente do juízo interpretativo, do juízo valorativo, da opinião, da subjetividade, sendo por isso mesmo deixada de lado por uma teoria que pretende ocupar-se apenas com dados objetivos capazes de serem transcritos quantitativamente numa linguagem (a numérica) "isenta". Assim, a análise informacional de um dado texto não se preocuparia com o significado (tradicionalmente entendido) nele presente, com seu conteúdo semântico, com suas conseqüências para o receptor do texto ou com as motivações do produtor da mensagem. Ao invés disso, essa análise —

através de um algoritmo — procuraria traduzir esse texto numa relação numérica que indicaria a quantidade de informação nele contida e não a qualidade da significação. Em outras palavras, através de um processo de cálculo genérico num conjunto de regras formais, a análise informacional indicaria *quanto* e não *o quê*.

Mas isto não explica muito, ainda, onde está a diferença entre informação e significação. Para distinguir entre elas, será necessário deixar de lado o aspecto do significado e ver a informação como ligada à dúvida, à incerteza. O que interessa à análise informacional, assim, não é saber o que diz uma mensagem, mas quantas dúvidas ela elimina. O ponto de partida, portanto, é que as mensagens existem para eliminar dúvidas, reduzir a incerteza em que se encontra um indivíduo — sendo dado como certo que, quanto maior for a eliminação de dúvidas por parte de uma mensagem, melhor ela será. Pressupõe-se ser finalidade específica de um texto, de um informador, mudar o comportamento de seu receptor, e como não se pode contestar que a dúvida, em princípio, gera a imobilidade, a informação surge como agente dissipador de incertezas e cujo objetivo é provocar uma alteração no comportamento das pessoas.

Como foi dito, não interessa à análise informacional saber o que está sendo transmitido numa mensagem[1] mas sim, apenas, conhecer a intensidade das mudanças por ela promovidas. Esta conceituação é bastante discutível e a ela se voltará mais adiante. Por ora, no entanto, ela será aceita em seu caráter operatório dentro de um quadro tradicional da Teoria da Informação. Cabe, agora, situar esta teoria.

A Teoria da Informação foi formalizada nas primeiras décadas deste século, tendo-se apresentado inicialmente como um sistema de base matemática destinado a estudar os problemas de transmissão de mensagens pelos canais físicos (telégrafo, rádio, etc.); seu objetivo era medir a quantidade de informação suportável por um dado canal em dadas circunstâncias, prever e corrigir as distorções passíveis de ocorrer durante a transmissão, calcular o grau de receptividade da mensagem. Apresentava-se, portanto, como uma técnica da engenharia de comunicações e como tal sua denominação era Teoria Matemática da Informação ou, como apareceu na obra de dois de seus principais for-

---

1. Neste enfoque, e considerando-se que a informação tem por objetivo mudar comportamentos, toda informação é uma mensagem mais o inverso não é necessariamente verdadeiro.

muladores, Teoria Matemática da Comunicação[2]. Suas proposições, no entanto, logo se demonstrarem utilizáveis em outros setores que não aqueles cobertos pelo campo da engenharia; verificou-se que os fatos de comunicação, em sua generalidade, poderiam ser abordados através do instrumental por ela proposto embora essa passagem fosse acompanhada freqüentemente por um certo abandono de sua rigidez matemática. De fato, os conceitos dela resultantes podem perfeitamente ser operados independentemente da malha matemática que os originou e serem aplicados a mais de uma ocorrência dos processos de comunicação — e é fundamentalmente sob esse ponto de vista que eles interessam ao presente estudo.

Ainda uma observação: embora se tenha falado em Teoria Matemática da Informação *ou* Teoria Matemática da Comunicação, os campos da *comunicação* e da *informação*, no quadro desta teoria, não se recobrem com exatidão embora se recortem. Ainda que esta não seja uma distinção pacificamente aceita, há uma tendência no sentido de encarar a Teoria da Informação como um estudo da estruturação da mensagem formalmente considerada e a Teoria da Comunicação como o estudo do relacionamento mensagem-fonte-receptor. Em outras palavras: a Teoria da Informação está centrada no código, enquanto a Teoria da Comunicação[3] volta-se para o conjunto mensagem-homem; a Teoria da Informação trata do *sistema* (conjunto de elementos e suas normas de combinação) do qual a Comunicação é o *processo* (seqüência de atos espaço-temporalmente localizados).

Cabe ainda destacar a distinção entre as Teorias da Informação e Comunicação e a Informática e Cibernética. A Informática é uma disciplina cujo objetivo é o tratamento automático da informação. Através de instrumentos como o computador, a Informática procura propor métodos de codificar, selecionar, armazenar, pesquisar, modificar informações; nessa tarefa ela se serve da Teoria da Informação.

Já a Cibernética não está limitada ao campo exclusivo das máquinas automáticas. Provindo da palavra grega *kybernetes* (timoneiro) o termo "cibernética" identifica uma disciplina voltada para os problemas de *controle* da informação e, na descrição de um de seus expoentes máxi-

---

2. C. E. Shannon e W. Weaver, *The Mathematical Theory of Communication*, Urbana, University of Illinois Press, 1969.

3. Na parte C desta obra apresenta-se uma denominação e um conteúdo particular para esta teoria.

mos, Norbert Wiener[4], "procura achar os elementos comuns ao funcionamento das máquinas automáticas e ao sistema nervoso do homem e desenvolver uma teoria que abarque todo o campo do controle e da comunicação nas máquinas e nos organismos vivos". Um de seus instrumentos também será a Teoria da Informação, mas tem de recorrer ainda à biologia, física, psicologia, etc.

2. MENSAGEM, REPERTÓRIO, AUDIÊNCIA

A Teoria da Informação, portanto, preocupa-se antes de mais nada com a elaboração de uma dada *mensagem*, capaz de promover em seus receptores uma alteração do comportamento. E o que é uma mensagem?

Segundo A. Moles[5], a mensagem é um grupo ordenado de elementos de percepção extraídos de um repertório e reunidos numa determinada estrutura. Dessa descrição participam alguns conceitos que merecem um exame em separado, embora rápido: *ordenado, repertório* e *estrutura*.

O primeiro deles, o conceito de ordem, é fundamental não apenas à noção de mensagem como para toda a Teoria da Informação. Com efeito — e embora esta constatação desagrade àqueles que, com razão, têm visto nas recentes manipulações com o conceito de ordem apenas um meio de sufocar as legítimas aspirações do homem — a ordem, *alguma* ordem é imprescindível num sistema e num processo de informação voltados para a consecução de seus objetivos específicos, *i.e.*, quando se pretende uma efetiva mudança de comportamento. Um exemplo banal pode ilustrar essa necessidade: diante de uma mensagem como "do sair você fogo deve pegando pois prédio está ele", um hipotético e mais desatento receptor provavelmente não mudaria em nada seu comportamento, com a pressa exigida, e, ficando no local viraria cinzas, numa mudança de estado por certo inteiramente independente de sua vontade. Aquela mensagem deveria dispor suas unidades significativas numa determinada ordem — a prevista pela língua portuguesa — caso contrário não se transformaria numa informação, isto é, não cumpriria sua finalidade maior.

Deve-se observar, no entanto, que o conceito de ordem (e seu oposto, desordem) não é absoluto mas relativo.

---

4. «Cibernética», *Comunicación y cultura*, Buenos Aires, Nueva Visión, 1972.
5. *Teoria da informação e percepção estética*, Rio de Janeiro, Tempo Brasileiro, 1969. Seria sem dúvida possível descrever «mensagem» e outros conceitos desta teoria a partir do quadro fornecido pela semiótica; por ora, no entanto, e provisoriamente, adota-se uma perspectiva e uma terminologia que já conta com alguma tradição nos estudos de Teoria da Informação.

Alguma coisa está em ordem em relação a outra, assim como uma desordem pode ser desordem em relação a determinado paradigma mas pode perfeitamente ser um outro tipo de ordem, conforme um outro modelo. Esta observação é aqui feita tendo-se em vista inúmeros produtos da arte moderna e contemporânea nos quais ainda se insiste, freqüentemente, em ver a presença da desordem. A respeito, deve-se observar que é extremamente raro constatar a existência de um fenômeno de comunicação (artístico ou não) de fato apresentado sob a capa da desordem. Por certo, a ordem absoluta também é insignificante ou não-significante na comunicação ou na arte, mas uma determinada ordem sempre haverá quando se pretende trabalhar sobre, e transmitir a terceiros, esses elementos de percepção (os relativos aos cinco sentidos humanos) formadores da mensagem.

O segundo conceito envolvido na descrição da mensagem é o conceito de *repertório*. Entende-se por repertório uma espécie de vocabulário, de estoque de signos conhecidos e utilizados por um indivíduo. Exemplos: o repertório lingüístico *ideal* de um brasileiro é, em princípio, o conjunto de todas as palavras (implicando as correspondentes regras gramaticais) da língua portuguesa; o repertório *real* desse indivíduo é o conjunto de palavras e regras que ele efetivamente conhece e utiliza; o repertório sonoro *ideal* de um ser humano é o conjunto de todos os sons possíveis numa escala de 0 a 140 decibéis[6] aproximadamente (o repertório real de uma dada pessoa, no entanto, poderá ser constituído apenas pelos sons que estão entre, digamos, 30 e 80 decibéis); o repertório ideal de cores do homem é o conjunto de todas as cores, por exemplo, separadas por um prisma e suas combinações (enquanto o repertório real de cores de determinado indivíduo está formado pelas cores que ele de fato consegue distinguir).

A primeira conseqüência extraída dessa descrição de repertório e da distinção entre repertório ideal e real é que, neste caso, uma mensagem será ou não significativa (produzirá ou não mudanças de comportamento) conforme o repertório dessa mensagem pertencer ou não ao repertório do receptor.

Num grafo elementar, pode-se mostrar que a condição mínima para que uma mensagem seja significativa para seu receptor é a seguinte:

---

6. Décima parte do *bell*, unidade que mede a intensidade dos sons. Ex.: voz humana = 10 decibéis; trovão = 70 decibéis.

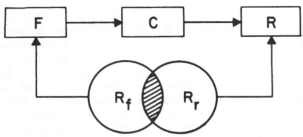

onde F = Fonte, R = receptor, C = Canal, R_f = repertório da fonte e R_r = repertório do receptor, e que se lê do seguinte modo: uma mensagem é elaborada pela fonte com elementos extraídos de um determinado repertório e será decodificada por um receptor que, nesse processo, utilizará elementos extraídos de um outro repertório; para que se estabeleça o fluxo da comunicação, para que a mensagem seja significativa para o receptor, é necessário que os repertórios de F (*i.e.*, até certo ponto, o repertório da mensagem) e o de R sejam secantes, ou seja, tenham algum setor em comum. Se os dois repertórios forem exteriores totalmente um ao outro, a informação não é transmitida ao receptor. Por outro lado, se ambos os repertórios forem absolutamente idênticos, recobrindo-se perfeitamente, aquilo que chega ao receptor em nada alterará seu comportamento pois necessariamente já é coisa que ele conhece e que, se tivesse de modificar-lhe o procedimento, já o teria feito anteriormente. Casos de repertórios tangentes podem configurar uma situação em que o receptor verá a mensagem como algo intrigante, portanto como algo a desvendar — e com possibilidades de fazê-lo, pois existem alguns mínimos pontos de contato. A informação estética freqüentemente apresenta-se como um caso de repertórios tangentes.

Observa-se, de passagem, que os repertórios dependem, para sua constituição, de esquemas ou hipercódigos comuns em princípio a todos os indivíduos vivendo sob o império desses esquemas. Estes, porém, são alterados pelo uso que cada indivíduo deles faz, o que provoca o aparecimento de repertórios de classe e de grupos. A diferenciação pode ir mais longe, sendo lícito falar-se mesmo em repertórios individuais. De fato, como a significação de um repertório, para seu possuidor, é função de suas condições de existência, de uma história pessoal, não é afirmação extremada dizer que dificilmente se pode encontrar dois repertórios individuais de idêntica extensão. Constituem esses repertórios, como se pode ver, além dos conhecimentos técnicos específicos, todos os valores éticos, estéticos, filosóficos, políticos, a ideologia do indivíduo, do grupo ou da classe social.

O terceiro conceito a destacar, na descrição de mensagem, é o de *estrutura*[7], verdadeiro fantasma capaz de ainda hoje assustar os espíritos mais impressionáveis que habitam certos territórios da "crítica" e da "pesquisa" em ciências humanas. Sem entrar em discussão sobre a legitimidade ou não da abordagem estruturalista, se procurará aqui descrever de modo operacional o conceito de estrutura.

Considere-se duas moedas, uma de 10 outra de 20 centavos; ou, melhor, considere-se dois *signos* dessas moedas, como as ilustrações abaixo:

Analisando-as, é fácil verificar a existência de traços diferenciadores entre uma e outra: o tamanho, o signo 20 numa e 10 na outra, o signo de uma torre numa e de uma fábrica ou refinaria na outra. Mas há também, entre ambas, traços comuns: a mesma forma circular, o signo "centavos", a data e, sobretudo, a mesma disposição relativa dos vários signos dentro do círculo.

Assim, tendo de identificar a estrutura desses dois signos que aqui aparecem como ilustração de duas moedas, a solução seria

---

7. Conceito este intimamente ligado ao de ordem. Seria possível indagar qual deles precede e determina o outro; aqui, no entanto, será melhor dizer que os campos de um e outro se recobrem em ampla margem. Se se falou de ambos em separado, neste texto, foi por permitir, este modo de abordagem, uma discussão destacada de alguns aspectos, de um e outro, que mereciam ser evidenciados.

Em outras palavras, a estrutura dos dois signos visuais impressos nesta página é o modelo comum acima a que ambos podem ser reduzidos. A estrutura, pode-se dizer, seria uma espécie de máximo divisor comum entre diferentes elementos ou, ainda, aquilo que permite identificar o idêntico na diferença ou a diferença no idêntico.

Pode-se pensar num outro exemplo. Sejam as mensagens

1. /Dois amigos não guardam rancor./

2. /Entre os xamis não há plebécula./

Pode ocorrer de uma pessoa, deparando-se com essas duas mensagens, inesperadamente, na rua, não saber exatamente o significado da segunda. Mesmo assim, ela não deixará de reconhecer que a segunda é provavelmente uma mensagem, provavelmente uma mensagem com significado preciso e uma mensagem em língua portuguesa, como a primeira. O que lhe diz isso, além da semelhança entre os signos usados, é a estrutura comum a ambas as mensagens, uma certa ordem comum (e o conceito de estrutura está intimamente ligado ao de ordem) na qual estão dispostas palavras que exercem aproximadamente as mesmas funções dentro do código-base, a língua portuguesa.

Do mesmo modo, o visitante de uma exposição de pintura pode não entender o significado de duas telas em particular que lhe chamam a atenção mas pode reconhecer, por exemplo, pelo formato da tela, pela textura das tintas, pelos traços, temas, cores etc., que se trata de duas obras de uma mesma pessoa. O que ele realiza, nesse momento e nesse reconhecimento, é uma operação estrutural, mesmo que não tenha consciência disso e embora desconheça o significado, o conteúdo das pinturas — aproveitando para destacar, aqui, que a operação de isolamento de uma estrutura independende do conhecimento do significado das mensagens envolvidas; a estrutura pode levar ao significado, pode facilitar o acesso a ele mas dele não necessita para ser determinada.

A estrutura surge assim como um modelo capaz de permitir operações com as mensagens sob um determinado ponto de vista, e nada mais que isso. Adota-se aqui o ângulo segundo o qual a prática da estrutura é uma prática metodológica e não uma prática ontológica, isto é: não se trata de partir do ponto de vista segundo o qual todas as coisas têm necessariamente uma estrutura, que esta faz parte inseparável do ser dessas coisas e que tal estrutura é obrigatoriamente assim e assado; mas, sim, procura-se propor *uma* (e não *a*) estrutura que sob determinado ponto de vista pode produzir tais e tais resultados, estrutura que não é única e exclusiva, podendo ser substituída perfeitamente por outra desde que se mude o ponto de vista. A observar ainda que é carente de significado, e mesmo contraproducente, uma prática da estrutura que se preocupe com identificá-la para determinar apenas o que é idêntico em várias mensagens. Embora ela possa servir também para isso, o que se espera é que, com a determinação da estrutura, se passe à identificação do diferente. Só este passo é capaz de justificar a prática informativa mesmo porque, como já foi dito e se voltará a dizer, apenas o diferente interessa na informação.

Talvez fique mais clara agora a descrição da mensagem como sendo um conjunto de elementos de percepção extraídos de um repertório e reunidos numa dada estrutura. Sem estrutura não há mensagem ou informação. Por outro lado, uma estrutura sempre existirá numa mensagem (ou em qualquer outra coisa), variando apenas o grau de dificuldade em sua identificação ou proposição.

Repertório e audiência. Uma mensagem terá, pois, tanto mais valor quanto maior for o número de modificações que pode provocar. Esse valor e essas modificações estão na dependência da *extensão do repertório* da mensagem. Observando a ressalva anterior segundo a qual, num primeiro momento, não se levará em consideração a questão da *qualidade* da mensagem, pode-se dizer que quanto maior o repertório, maiores as modificações possíveis e inversamente: quanto mais restrito o repertório, menor possibilidade de modificação.

É necessário, no entanto, levar em consideração uma "lei" proposta pela Teoria da Informação: quanto maior o repertório de uma mensagem, menor será sua audiência e vice-versa, isto é, repertório e audiência estão numa proporção inversa um em relação ao outro. Isto significa que uma mensagem com extenso repertório tende a provocar mais modificações que outra de menor repertório, porém provocará essas mudanças num número *menor* de receptores, numa audiência mais limitada. Obras de rico repertório, como as de Guimarães Rosa, Joyce, Fellini, ou os produtos da arte informal ou conceitual e, por exemplo, do teatro do absurdo, têm de fato uma pequena audiência em comparação com a audiência de que gozam obras de repertório em geral mínimo como a da pintura realista, os romances policiais, as banais histórias de amor, etc. Isto não significa, bem entendido, que toda pintura realista seja de baixo repertório, ou que é impossível escrever bons e ricos romances policiais. Apenas que, em termos gerais, um quadro figurativo romântico *tende* a lidar com um repertório mais restrito que o usado num quadro expressionista; ou que, tal como se observa comumente, um romance policial se esgota num quadro de limitadas informações. Por certo a técnica de realização ou o conteúdo desenvolvido podem alterar esse panorama, mas como norma geral essa proporção entre repertório e audiência é valida.

Este é, por outro lado, um dos grandes problemas com que se defronta o informador: seu objetivo, seu ideal, deve ser o de criar mensagens que provoquem um máximo de modificações no máximo de receptores; no entanto, essa mensagem altamente informativa irá implicar a redução de sua audiência. Ele terá, portanto, de encontrar um termo médio entre esses dois extremos (máxima informação/ mínima audiência), isto é, visar um rendimento *ótimo*, que é o melhor possível numa dada circunstância e não o melhor-ideal. A própria Teoria da Informação fornece recursos (como o da redundância, analisado mais adiante) capazes de permitir a uma mensagem de valor informativo elevado atingir um número maior de receptores ainda que com a perda de parte de seu potencial inicial.

3. INFORMAÇÃO E ORIGINALIDADE

Já foi observado acima que a mudança no comportamento do receptor de uma mensagem depende do caráter de novo desta mesma mensagem, de tal modo que se pode afirmar a existência da seguinte relação: quanto maior a taxa de novidade de uma mensagem, maior seu valor informativo, sendo maior a mudança de comportamento provocada. Usando a noção de repertório, pode-se dizer que o conceito de informação é o conceito de medida de complexidade, de modo a propor-se que a taxa de informação de uma mensagem aumenta quanto mais complexa ela se apresentar. Com base na noção de novo, diz-se agora que a taxa de informação de uma mensagem é função de sua originalidade, sendo a imprevisibilidade a medida da originalidade:

+ originalidade = — previsibilidade = + informação

+ previsibilidade = — originalidade = — informação

Por um lado, fica claro que o informador não tem o que fazer do velho, do já visto, do já conhecido. Este só serve para constituir mensagens cujo único objetivo é a manutenção de um determinado estado, de uma certa situação. E se este propósito pode ter seu lugar e seu momento em certos processos de comunicação, em determinadas circunstâncias, não é menos certo que cabe ao informador ter sempre em mente a necessidade de gerar e alimentar um processo de contínuas alterações.

Por outro lado, no entanto, não há razão para ficar o informador escravizado a uma busca do novo a todo custo. Na fórmula adequada de Augusto de Campos[8], "deve-se defender até a morte o novo por causa do antigo e até a vida o antigo por causa do novo". Mas não, claro, qualquer antigo: "O antigo que foi novo é tão novo como o mais novo novo. O que é preciso é saber discerni-lo no meio das velhacas velhacarias que nos impingiram durante tanto tempo".

Em outras palavras, a procura constante de um novo sempre mais novo, de um novo absoluto, é tão impossível quanto a renegação total de tudo quanto já foi anteriormente proposto. Seria totalmente inadequado afirmar que não há nada de novo sob o sol, mas não é menos verdade que grande parte do que já foi proposto acaba por constantemente voltar à tona, tornando o trabalho do informador numa espécie de exercício de funambulismo sobre as noções de novo e velho.

É pertinente lembrar ainda que, embora os teóricos da informação do século XX insistam em realçar o valor incontornável do novo para a informação, nem sempre a idéia da originalidade foi privilegiada desse modo pelas sociedades. Durante muito tempo, a civilização chinesa reconheceu e privilegiou, por exemplo, os pintores capazes de reproduzir fielmente o estilo de um grande mestre — embora não deixando de abrir um certo espaço aos inovadores. Mesmo no mundo europeu não foram poucos os momentos em que a reprodução dos mestres foi considerada como um valor tão ou mais alto do que a inovação. Há, de fato, um certo acordo em creditar o culto à originalidade à ascensão da classe burguesa, com sua necessidade aparentemente indomável de ostentar marcas que a nota-

8. *Verso Reverso Controverso*, São Paulo, Perspectiva 1978.

bilizem de algum modo e que vão ser encontradas, justamente, na procura e na prática, freqüentemente sem critérios, do novo. Tendo sua origem, portanto, muito próxima de nós, e motivada por impulsos nem sempre muito confessáveis, a valorização absoluta do novo não tem como apresentar-se na condição de paradigma historicamente inevitável ao qual se deve sacrificar todo o resto.

Embora não seja o caso de forçar uma distinção entre novo e novidade, privilegiando aquele em detrimento desta, não há dúvida que os veículos de comunicação para a massa (e não *de* massa: esse genitivo não passa de máscara ideológica, uma vez que a massa não tem o controle, a propriedade ou sequer a posse desses meios) dão o que têm e o que não têm para propor constantemente falsos novos que, obviamente, não podem provocar mudança alguma de comportamento. Fazer alguém mudar de sabonete não representa, praticamente em circunstância alguma, uma mudança de comportamento cujos efeitos caminhem na direção de uma efetiva alteração da vida desses receptores. Essas mensagens não se constituem, portanto, em casos de informação e nada fazem além de evidenciar um culto ao novo que em nada beneficia um legítimo processo de comunicação. Aqui, é necessário que o informador não se renda a fetiches, a essas entidades às quais se atribui poderes sobrenaturais e que sufocam o homem num manto de irracionalidade. A questão do novo em nossas sociedades tende a apresentar-se como um fetiche a ser evitado — desde, claro, que se evite o fetiche oposto, o do antigo, o do conservadorismo, o da reação.

A observar ainda o relacionamento ambíguo que o homem estabelece com o novo: se por um lado o novo é um eterno motivo de atração, por outro lado e quase na mesma medida é também um motivo de repulsão, para diferentes indivíduos e grupos de indivíduos ou para um mesmo grupo e um mesmo indivíduo. Claro que a reação ao novo não se deve especificamente a seu caráter de novidade mas a sua potencialidade de mudar uma situação; o que se receia é exatamente essa mudança. Sob esse aspecto, o informador se vê diante do mesmo dilema observado quando se falou do repertório. Lá, ele devia buscar o mais amplo repertório possível para sua mensagem — com isso correndo o risco de ver reduzida sua audiência. Aqui, se sua mensagem for demasiado nova a mesma dificuldade deve ser esperada. No campo da informação impõe-se assim, como se pode perceber, uma constante dialética entre opostos, único caminho para a obtenção dos resultados visados.

4. INFORMAÇÃO E ENTROPIA

Como se viu, a mensagem que tende para um grau máximo de originalidade (a mensagem mais imprevisível) tende igualmente para um máximo de informação e, inversamente, quanto mais previsível a mensagem, menor sua informação. A informação ideal é a que tende para um máximo de originalidade, porém quanto mais imprevisível for, menos será passível de apreensão por um receptor "médio"[9] para o qual as mensagens surgem sempre como dependentes de uma ordem e para quem o novo, o original, surge incessantemente com nítidas características de desordem, confusão, "complexidade". De fato, o novo é uma quebra de estruturas existentes, a novidade é a introdução da desordem numa estrutura preexistente e a mensagem totalmente original apresenta-se para o receptor médio como uma desordem total na qual ele é absolutamente incapaz de penetrar.

A essa informação totalmente original cabe, em Teoria da Informação, a designação de entropia máxima, apresentando-se a entropia como a medida da desordem introduzida numa estrutura informacional.

Em física, a entropia designa uma função do estado termodinâmico dos sistemas, servindo como medida da inaproveitabilidade da energia de um sistema: uma determinada quantidade de trabalho pode, de início, ser transformada completamente em calor, mas ao se pretender transformar a quantidade de calor em trabalho ocorre um consumo de energia que impede o aproveitamento de todo o calor como trabalho. Essa margem inaproveitada é definida pela entropia, *máxima* quando um sistema isolado encontra-se em estado de *equilíbrio*.

---

9. Embora os elementos médios (o homem médio brasileiro, a casa média etc.) sejam quase sempre uma ficção estatística, não há outro modo com o qual a Teoria da Informação possa jogar. Todas as suas análises são feitas considerando-se, por exemplo, uma mensagem média num certo contexto, um receptor médio numa dada situação e assim por diante — pelo menos é sob esse ângulo que se apresenta o presente texto. Naturalmente, é possível proceder à análise de *uma* mensagem específica ou, ainda, de *um* determinado repertório de *um* certo indivíduo — mas estas análises não poderão deixar de basear-se num quadro médio previamente levantado.

Esta observação acarreta imediatamente uma outra: as análises da Teoria da Informação são sempre análises comparativas: esta mensagem é mais original que aquela, este repertório é maior que outro. Os valores absolutos na análise informacional não têm muito — ou mesmo nenhum — sentido.

Passando para o campo da informação, essa entropia mede aquela parte da mensagem perdida, no processo de passagem do emissor para o receptor, por uma série de razões entre as quais a diferença nos respectivos repertórios. A mensagem transmitida deveria produzir um certo comportamento que, no entanto, não se verifica; a diferença entre o comportamento visado e o obtido pode ser expressa pela entropia.

Falou-se, acima, da relação entre entropia máxima e estado de equilíbrio. Numa situação de comunicação pode-se pensar no seguinte exemplo: Uma pessoa é colocada de olhos vendados diante de dois vasilhames, um frio e outro quente; perguntada sobre qual lhe agrada mais, ela pode, através do tato e conforme sua preferência, indicar um ou outro. Num segundo momento, reduz-se a temperatura do mais quente e aumenta-se a do mais frio de modo a ficarem ambos num mesmo nível mediano. Repete-se a pergunta relativa à preferência da pessoa: neste momento ela não terá uma resposta para dar. Poderá eventualmente dizer que gosta de ambos, detesta ambos ou é indiferente — mas não poderá indicar um ou outro. Ela estará assim num estado de equilíbrio máximo entre as duas respostas possíveis, num estado de incerteza absoluta.

O mesmo se poderia dizer de alguém que acordasse abruptamente de um estado de coma. Suponhamos que essa pessoa se veja imediatamente envolvida num clima kafkiano — desses tão normais hoje — sendo-lhe pedido que diga corretamente o dia da semana e do mês sob pena de, caso erre, ser de imediato fuzilada. Neste caso, ela estará em estado de equilíbrio ou incerteza máxima em relação a que dia escolher; nada há que diferencie um de outro e portanto tanto faz dizer um ou outro: a loteria é absoluta.

Esse estado de entropia máxima é obtido através do uso de signos eqüiprováveis: elementos de um repertório com idênticas probabilidades de ocorrência. Inscrevendo-se os signos do alfabeto em bolas e colocando-se estas nas esferas usadas para os sorteios da loteria, procedendo-se a uma "extração" desses signos segundo o procedimento lotérico, seria possível ter a seguinte "mensagem":

EQT PMHRJO NES GAFLIDV

O processo foi tal que a qualquer dos signos foi atribuída idêntica probabilidade de justapor-se a outro. No caso da língua portuguesa, no entanto, os signos não gozam dessa propriedade: a um *q* segue-se obrigatoriamente um *u*, seqüências de cinco consoantes são desconhecidas e assim por diante. Para um falante de língua portuguesa, portanto, essa mensagem surge como um caso de entropia máxima ou quase-máxima[10]. A imprevisibilidade é aí praticamente total, idem em relação à originalidade — e assim a mensagem não traz para esse receptor *nenhuma informação* ou, o que vem a ser o mesmo, é passível de suportar toda e qualquer informação que todos e cada um dos receptores possíveis vierem a lhe atribuir arbitrariamente (aspecto sob o qual a mensagem entrópica apresenta-se como uma obra aberta).

Deve-se observar, então, que também em Teoria da Informação os extremos se tocam:

total previsibilidade (nenhuma originalidade) = nenhuma informação;

imprevisibilidade total (originalidade máxima) = nenhuma informação.

Dentro de um determinado repertório, apresenta-se como mensagem de maior valor aquela que tende assintoticamente para a entropia máxima, sem nela cair. Expressões como "cerebrespicaçados", "embotamancados", "avecanora", "muvaca" e "o papelgrudado sabonete"[11] constituem-se em mensagens de uma quantidade relativamente alta de informação na medida em que introduzem uma certa dose de *desordem* num certo sistema ordenado que é o da língua portuguesa. Um termo como "embotamancado" não chega a estar constituído por signos eqüiprováveis, mas já rompe com as leis de probabilidade da língua, pelas quais o normal é ter-se "indivíduos usando botas e tamancos". Ainda recorrendo a Joyce:

Sir Tristram, violer d'amores, fr'over the short sea, had passencore rearrived from North Armorica on this side the scraggy isthmus of Europe Minor to wielderfight his penisolate war: nor had topsawyer's rocks by the stream Oconee exaggerated themselse to Laurens County's gorgios while they went doublin their mumper all the time...[12]

(Sir Tristram, violista d'amôres, através o mar breve, não tinha ainda revoltado de Norte Armórica a este lado do áspero istmo da Europa Menor para loucomover sua guerra penisolada:

---

10. «Quase-máxima» porque, de todo modo, o receptor de língua portuguesa sempre conseguirá identificar pelo menos os signos do alfabeto.

11. De *Ulisses*, James Joyce, Rio de Janeiro, Civilização Brasileira, 1966, tradução de Antonio Houaiss.

12. Da primeira página formal (formal porque a estrutura do livro é circular podendo-se nele penetrar em qualquer ponto) de *Finnegans Wake*, James Joyce, New York, The Viking Press, 1962.

nem tinha os calhões do altom sawyerrador pelo rio Oconee sexagerado aos gorgetos de Laurens County enquanto eles iam dublando os bebêbados todo o tempo:...)[13]

Este trecho apresenta expressões com uma taxa ainda maior de informação, em comparação com as antes citadas, na medida em que a destruição das estruturas de organização dos signos da língua inglesa é levada a um ponto mais extremado, atribuindo-se a um termo mais de um sentido com a junção de dois vocábulos num só, ou criando-se um novo termo com contribuições de mais de uma língua (*passencore* = pass (inglês) + encore (francês)), ou usando um nome próprio como verbo (*doublin*, remissão a Dublin) etc. *Violer d'amores* pode indicar tanto um tocador de um tipo de viola como um conquistador de mulheres, um violador de amores. *Penisolate war* contém tanto a idéia de "guerra peninsular" como a de uma isolada "guerra literária" (*pen* = caneta) e ainda a de uma isolada guerra sem importância (peni ou penny, uma coisa de *one penny*, uma coisa sem valor) ou ainda, combinando com a idéia de violador de corações, uma isolada guerra sexual (peni ou pene (italiano) = pênis). Qual o sentido correto? Não existe ou se existe é irrelevante apontá-lo. O sentido fica flutuando de receptor para receptor ou mesmo para um único receptor. James Joyce confessou certa vez que seu *Finnegans Wake* devia ter como leitor ideal um leitor atacado por uma insônia ideal que passaria a vida inteira lendo e relendo o livro, obtendo a cada releitura uma nova significação.

Notar que, mesmo com alta taxa de informação, esse trecho de Joyce não configura um caso de entropia máxima. O método de composição não se baseia exclusivamente no *acaso* (quando se teria então a eqüiprobabilidade), intervindo uma certa escolha por parte do autor. Mais adiante se verá que o princípio do Acaso & Escolha (Chance & Choice) está na base da informação estética.

5. INTELIGIBILIDADE E REDUNDÂNCIA

A mensagem ideal — em oposição às mensagens reais — pode ser descrita como sendo a que contém um máximo de informação ou como a que se apresenta com uma tendência para a entropia. No entanto, à medida que cresce a taxa de informação de uma mensagem, menor será

[13]. Tradução de Augusto de Camos in Augusto e Haroldo de Campos, *Panaroma do Finnegans Wake*, São Paulo, Perspectiva, 1971.

sua inteligibilidade. E inversamente: aumenta-se a inteligibilidade de uma mensagem reduzindo-se sua taxa de informação.

A questão da inteligibilidade apresenta-se, nesse quadro, como de fundamental importância para o informador se for seu objetivo não apenas transmitir com exatidão um determinado significado (*problema semântico* de uma ação de informação) como também produzir no receptor da mensagem, conseqüentemente, a alteração de comportamento visada (*problema da eficácia*). Nesta hipótese — não a única, uma vez que em certos processos informativos (como os desenvolvidos no campo estético) pode não interessar ao informador a transmissão de significados determinados, nem esta ou aquela mudança de comportamento — o recurso para assegurar o grau desejado de inteligibilidade é a *redundância*.

Redundância é o que é "dito" (verbal ou graficamente, ou por outro meio qualquer) em demasia com a finalidade de facilitar a percepção e compreensão da mensagem. Sob este aspecto, a redundância apresenta-se como uma *codificação defeituosa* já que um caso de codificação ideal seria aquele em que os signos retirados do código, para a elaboração da mensagem, deveriam ser eqüiprováveis; na redundância ou codificação defeituosa, o que se verifica é um desperdício de espaços significantes e dos signos à disposição para a formação da mensagem.

Suponha-se, por exemplo, um espaço como

/ — — — — — /

capaz de suportar cinco signos ou elementos significativos. Se a intenção fosse propor uma mensagem de informação máxima, uma mensagem entrópica ou uma mensagem idealmente codificada, e supondo que H, A, K, X e T são 5 signos distintos e com um significado qualquer, seria possível ter

/HAKXT/ ou /AXTKH/ ou /TAXHK/ ou qualquer

outra combinação possível entre esses signos. Estes estariam assumindo então a função de signos eqüiprováveis já que nada diria em princípio qual, por exemplo, o signo que antecede ou sucede a T ou qualquer outro. Por outro lado, observe-se que cada um dos subespaços significantes estão sendo preenchidos por um signo diferente, isto é,

135

não está havendo desperdício uma vez que a função do informador é mudar o máximo de comportamento possível e que isto ele consegue dando o máximo de informação possível, formada por signos novos e diferentes uns dos outros.

Pode ocorrer, no entanto, uma perda de informação no processo de transmissão para o receptor, por uma razão qualquer, o que provocaria ou um mínimo de alteração no comportamento do receptor ou mesmo sua indiferença em relação à mensagem. Para evitar que isto ocorra, o emissor desperdiçará alguns dos subespaços, deixando de transmitir alguns dos signos da mensagem inicial. Assim, ao invés de /HAKXT/, se lhe fosse importante destacar A ele proporia

/HAAXT/ ou /AHAXT/ ou ainda /AHAXA/

isto é, "diria" uns As a mais para assegurar-se, tanto quanto possível, de que pelo menos um A seria claramente recebido pelo destinatário. Como em nosso caso, por definição, todos os As são iguais, qualquer problema que ocorresse com a transmissão de qualquer dos As seria compensado pelo aparecimento repetido de um outro A. Neste caso, o destinador deixa de enviar alguma informação mas assegura-se que alguma informação passou.

Pode-se dizer, em outras palavras, que diminuindo a taxa de originalidade de uma mensagem, e com isso aumentando sua previsibilidade, a redundância é um recurso contra a entropia e a favor da intelecção. A observar, no entanto, que assim como a total imprevisibilidade, ao invés de acarretar a informação máxima, na prática acaba sendo informação nenhuma, também a redundância máxima configura um caso de nenhuma informação pois nada de novo pode estar sendo dado ao receptor. Casos como /A A A A A/ deveriam então ser evitados, particularmente quando A já for do conhecimento prévio do receptor; neste caso a informação é efetivamente zero.

Sendo igual a zero quando a mensagem é composta por signos eqüiprováveis, a redundância pode portanto chegar a 100%. Em ocorrências reais, ela tende a ficar longe desses extremos, pelo menos nos casos das informações utilitárias. Cl. Shannon calculou uma taxa de redundância para a língua inglesa ao redor de 50%; A. Moles, pesquisando sobre a língua francesa, chegou a um índice de 55% aproximadamente. Isso significa que os sistemas dessas línguas, procurando assegurar um bom índice de intelecção das mensagens, possibilitam a perda da metade dos espaços disponíveis. Em português, uma afirmativa como "Não há a menor possibilidade de que eu possa estar enganado" é altamente redundante. Tirando gradativamente desse sintagma os elementos que dele constam apenas para reforçar a idéia central a transmitir, pode-se ter:

a) Não há menor possibilidade que eu possa estar enganado (fora: a, de);

b) Não há menor possibilidade que eu estar enganado (fora: possa);

c) Não há possibilidade que eu estar enganado (fora: menor);
e mesmo;

d) Não possibilidade que eu enganado (há, estar);

e) Não possibilidade eu enganado (que);

f) Não eu enganado.

A forma *f* é realmente a idéia central que se pretende transmitir com a mensagem, seu núcleo sêmico, seu centro de significação que não pode sofrer ulteriores mutilações sob pena de alterar-se totalmente o significado visado. Os signos que cercam esses três (*eu, não, enganado*) são colocados a mais com o único objetivo de reforçar o significado e possibilitar sua apreensão. A redundância aparece assim como um *coeficiente de segurança* da transmissão e recepção da mensagem: se o *de* se perder, resta o *que*, o *há* pode perder-se e também o *estar* e assim por diante, mas colocando-os todos asseguro-me de que alguns deles passarão.

Em outras palavras ainda, a função da redundância é absorver os *ruídos* na mensagem. É ruído todo sinal ou signo indesejável, que não se pretendia transmitir e que, infiltrando-se na mensagem, prejudica sua intelecção. Por exemplo: uma mancha de tinta numa página de jornal, o fenômeno da *estática* nas transmissões de rádio, os "fantasmas" numa transmissão de tv, barulho da rua que se superpõe a uma conversa etc. No caso acima, /AHAXA/, uma mancha na página que eliminasse um dos A seria por sua vez eliminada (ou superada) pela presença dos demais As (obviamente uma mancha sobre H ou X provocaria, neste caso, uma perda irreparável).

O ruído, porém, não é apenas físico, como acima exemplificado. Esses ruídos físicos interferem sobre o *canal* utilizado para a transmissão da mensagem, mas há ruídos (de eliminação quase sempre mais problemática) chamados ruídos de código ou de repertório. É o que se tem, por exemplo, quando da diversa compreensão de um mesmo signo. Uma mensagem como

/Esse tutu está quente./

pode ser entendida como

/Esse tipo de prato, feito com feijão, está com uma temperatura elevada./

mas também, eventualmente, como

/Esse dinheiro, fruto de assalto, está marcado pela polícia e não pode ser usado./

Tem-se aqui um caso de ruído devido à conotatividade do signo.

Os problemas físicos, ligados aos de código, envolvendo a transmissão/intelecção das mensagens, levam a constatar que freqüentemente o ruído pode ser contido, delimitado, porém não eliminado de uma mensagem. Em outras palavras, na prática informativa cotidiana é rara a mensagem sem algum tipo de ruído real ou virtual. Pode-se dizer mesmo que o ruído constitui uma espécie de pano de fundo sobre o qual são transmitidas as mensagens.

Sob esse aspecto, o ruído funciona como *suporte* para a mensagem, tal como o fundo suporta a figura. Que se pense por exemplo no *ruído branco* por trás de toda conversa praticada numa grande cidade. O ruído branco é formado por esse magma de sons que surgem indistintos embora passíveis de serem isolados através da atenção consciente dirigida: buzinas, ronco de motores, barulho de construções, gritos etc., sobre os quais a conversa consegue estabelecer-se. A paisagem em *sfumato* por trás da figura da Gioconda, na tela de Leonardo da Vinci, constitui o fundo/ruído (embora seja simultaneamente mais que isso) sobre o qual se afirma a figura/mensagem do rosto feminino; se destacado demais, forte demais, esse fundo/ruído/paisagem tomaria conta do quadro, deslocaria a figura da mulher; tal como está, ele antes a realça, existindo assim propositalmente e não podendo ser eliminado sob pena de eliminar-se a mensagem como um todo.

Do ruído pode-se dizer ainda que sua presença maciça numa mensagem — presença intencional ou não — torna-a entrópica. Uma mensagem entrópica é portanto, para um determinado receptor, uma mensagem altamente ruidosa, o que faz com que da informação utilitária e da informação dita "de massa" se procure eliminar a todo custo o ruído. Inversamente, a informação estética — e a informação estética de nível superior — não se preocupa com a eliminação do ruído podendo mesmo lançar mão dele para aumentar sua taxa de originalidade. Neste caso, no entanto, por ser desejado, o ruído não o é mais exatamente.

Assim, um caso de mensagem utilitária como uma conversa ao telefone terá uma taxa relativamente alta de redundância para evitar-se o ruído:

— Alô?
— Alô!
— De onde falam?
— 758-77-99.
— Quem está falando?
— Fulano.
— Por favor, Beltrano está?

(Por certo, uma conversa ao telefone não precisa ser tão redundante assim. Todo esse diálogo poderia ser reduzido a duas frases, com economia de tempo e redução dos custos:

Quem atendesse ao telefone diria de imediato:

— 758-77-99.

O interlocutor perguntaria em seguida:

— Por favor, Beltrano está?

Claro que, como essa prática rompe com o costume de repetir-se vários "alôs" e "quem fala — aqui é...", o anúncio imediato do número do aparelho pode pegar a pessoa desprevenida e forçá-la a indagar "de onde mesmo?" Ela pode até ter ouvido perfeitamente a enunciação do número, mas pedirá o esclarecimento para, praticamente, "assentar-se" na situação comunicativa.)

Já na mensagem artística, a ausência de redundância, a imprevisibilidade são fundamentais para sua existência:

E.: Que é o exército?
B.: É um meio soldado.
B.: Que é a razão?
E.: É uma nuvem comida pela lua.

(de um diálogo-poema surrealista entre André Breton e Paul Eluard, 1934).

6. CÓDIGO E INFORMAÇÃO

Como se observou, a Teoria da Informação surgiu como disciplina auxiliar de uma engenharia de comunicações que tinha, como um de seus objetivos básicos, resolver o problema da utilização ao máximo da capacidade dos canais empregados — uma vez que se visava uma economia de custos. O próprio homem, no entanto, sempre se serviu da onipresente "Lei do menor esforço", cujo uso objetiva exatamente poupar-lhe energia. Assim, se em toda língua acaba existindo um esquema que permite, por exemplo, a expedição de um telegrama pelo mais baixo preço possível, mantendo-se o significado visado, também o homem normalmente utiliza certos esquemas ou códigos que lhe permitem uma economia de esforços (como é o caso das gírias e abreviaturas).

O código, portanto, deve ser visto como um recurso destinado a aumentar o rendimento informativo de uma mensagem. Cada canal de comunicação (os naturais, como a fala, ou os artificiais, como a página impressa, a roupa, a imagem em celulóide etc.) tem uma natureza específica e está capacitado para transmitir melhor uma determinada espécie de signos. Cada canal terá assim um *código*, que pode ser entendido como um conjunto de signos e suas regras de utilização. Sendo do conhecimento preliminar tanto do destinador quanto do destinatário da mensagem, e apresentando-se como as regras do jogo, o código coloca-se como uma linguagem própria ao canal específico que será utilizado e na qual deve ser traduzida a mensagem-objeto.

Um dos objetivos primeiros do código é o combate ao ruído, pelo que se pode dizer que o código trabalha primordialmente pela previsibilidade. Ao se proceder à codificação e posterior decodificação de uma mensagem se estará jogando, portanto, com certas estruturas até certo ponto já conhecidas por ambas as partes de um processo. Por exemplo, em termos de línguas naturais (português, francês etc.) há estudos já estabelecidos sobre as probabilidades de formação das mensagens. A chamada "cadeia de Markoff" estabelece a probabilidade de aparecimento de letras ou conjuntos de letras numa dada língua: tratando-se de letras isoladas, pode-se prever — ocorrendo ruído — que no português a probabilidade de aparecer *a* e *e* é bem maior que a de surgir um *x* ou *z;* pode-se saber também, de antemão, que um *q* sempre será seguido por um *u;* que a ocorrência de digramas (duas letras) tem uma probabilidade média (ex.: *ch*), que a ocorrência de trigramas (3 letras) é de menor probabilidade etc.

Do mesmo modo em arquitetura, a ocorrência de um capitel de coluna como este, dito jônico

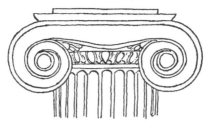

torna altamente previsível que a "almofada" dessa mesma coluna será

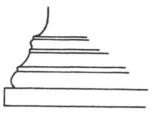

e inversamente. As ordens arquitetônicas são, de fato, códigos de estruturação menos ou mais rígida mas que não deixam de apresentar conjuntos de elementos significantes e normas para sua combinação, bem como grupos significantes assemelhados aos digramas e trigramas identificados na "cadeia de Markoff".

Também na pintura o mesmo se verifica: na Renascença italiana é bem comum a combinação vermelho/verde, enquanto na espanhola a norma era vermelho/azul. Como estes, inúmeros outros exemplos poderiam ser facilmente propostos. E por maiores que fossem as diferenças entre os diversos códigos e o código lingüístico (formalmente o mais bem delimitado e mais rígido em sua organização, servindo como modelo para os demais) todos eles acabam exercendo a mesma função (quer, inclusive, isto seja ou não intenção de seus proponentes e usuários) de adequação de uma dada linguagem a um certo meio e, com isto, de facilitação da inteligibilidade da mensagem.

7 QUANTIFICAÇÃO DA INFORMAÇÃO

Embora o objetivo deste texto não seja tratar da Teoria Matemática da Informação — mas sim dela extrair um conjunto de conceitos aplicáveis perfeitamente ao estu-

do do signo mesmo sem a base numérica — e apesar de
mais adiante fazer-se uma série de objeções quanto ao uso
e possibilidades dessa análise matemática da informação,
será interessante efetuar um rápido vôo rasante sobre algumas
das noções e cálculos básicos dessa teoria. Este procedimento
pode, mesmo, lançar mais luzes sobre o processo
da informação.

Suponhamos que diante de um quadro como

/XY/

alguém escolha mentalmente um dos signos e peça a uma
outra pessoa que diga qual o signo previamente escolhido.
Está claro que com uma única pergunta a segunda pessoa
matará a charada. Se perguntar: "É X?", caso a resposta
for "Sim" chegou-se ao fim do problema; caso porém a
resposta for "Não", também se terá resolvido a questão
pois de imediato fica-se sabendo que o signo escolhido
foi Y.

Seja agora um quadro como

/ABCDHXYZ/

procedendo-se do mesmo modo como no primeiro caso:
alguém escolhe mentalmente um signo e me pede que diga
corretamente qual o signo escolhido. Posso começar o processo
de diferentes maneiras, que me surgem como aparentes
"chaves": posso escolher partir do A e caminhar até
o Z, fazendo, a respeito de cada signo, a pergunta "É
este, sim ou não?" Se por acaso o A tiver sido escolhido,
com uma pergunta terei solucionado o enigma, mas se o
signo for Z somente com sete perguntas terei resolvido a
questão (sete perguntas porque não necessito formular a
oitava: tendo passado por todos os anteriores e recebido
um "não" à pergunta sobre o Y, só pode ser Z a resposta).
Posso também escolher caminhar de Z para A, ou de C
para A e a seguir de X para Z, ou ainda começar por B,
Y etc. Em qualquer desses casos, a quantidade de perguntas
que terei de formular depende do acaso, de minha sorte,
do fato de tocar mais cedo ou mais tarde no signo certo.
Mas se estou tentando levantar uma Teoria da Informação,
devo levar em consideração dois fatos: 1) a uma
teoria não interessa um processo inteiramente aleatório,
na total dependência do fator acaso; 2) para esta Teoria,
um dos principais problemas é o da *economia de esforços*,
visando um aproveitamento máximo da dimensão espaço/
tempo e um rebaixamento ao mínimo dos custos (sejam de

que natureza for) de operação. Assim, o que interessa, em relação ao caso sob estudo, é encontrar um processo capaz de me garantir que, com um determinado número *médio* de perguntas, serei capaz de identificar o signo escolhido *seja qual ele for*.

Levando em consideração o que ocorreu quando a mensagem era /XY/, verifico que, se dividir o conjunto /ABCDHXYZ/ ao meio, com uma única pergunta elimino de imediato três signos. Assim, se o signo escolhido tiver sido, digamos, X: dividindo ao meio o conjunto

/ABCD | HXYZ/

posso fazer a pergunta: "está na primeira metade, sim ou não?" A resposta será "não" e terei eliminado os signos A B C e D. Se por acaso eu tiver perguntado "está na segunda metade, sim ou não?", a resposta terá sido "sim" e do mesmo modo terei eliminado os signos A B C e D. Tenho portanto um novo conjunto

/HXYZ/

com o qual procedo do mesmo modo: divisão ao meio e indagação. Da nova pergunta resultará, seja qual for a metade por mim escolhida, que o signo selecionado não está no subgrupo /YZ/, portanto automaticamente eliminado. Resta-me agora apenas o grupo /HX/ e fica evidente que com mais uma pergunta apenas ("é H?" ou "é X?") terei resolvido a questão, uma vez que se recai no primeiro caso analisado.

Assim, com três perguntas apenas estou em condições de determinar qual o signo escolhido num conjunto de oito, seja qual for esse signo. Claro que por um outro "processo" qualquer eu poderia ter acertado com o signo, por sorte, na primeira pergunta. Mas poderia também ter sido obrigado a fazer 2, 3, 4, 5, 6 ou 7 perguntas. O processo acima seguido é de fato o mais econômico, além de apresentar uma estrutura clara: com ele, desperdiço duas perguntas (as que com sorte teria deixado de fazer se tivesse acertado com o signo na primeira) mas economizo quatro (as que teria de fazer se, por azar, o signo escolhido fosse o último de minha lista). O rendimento desse processo, portanto, não é o melhor mas é o melhor em determinadas circunstâncias; é o rendimento-ótimo, o rendimento médio — e como já foi dito, é esse termo médio que interessa à Teoria da Informação.

Necessário agora tentar traduzir esse processo numa equação matemática. Os termos disponíveis são os seguintes: oito signos (8) do conjunto, um procedimento binário (2), de divisão ao meio, baseado no par de opostos "sim — não", e três perguntas (3). Entre 2, 3 e 8 a relação que se pode montar é

$$2^3 = 8$$

ou, usando um procedimento de facilitação que é a operação de logaritmação (inversa à de potenciação), dada a existência de tabelas já preparadas,

$$\log_2 8 = 3.$$

Traduzindo agora toda esse operação em termos de Teoria da Informação pode-se dizer que: a taxa de informação de uma mensagem como /ABCDHXYZ/ é 3. Resta esclarecer a unidade: 3 bits, sendo o bit (derivado de *bi*nary digi*t* = dígito binário) a quantidade de informação derivada de uma decisão binária entre opostos (do tipo sim/não, aceso/apagado, aberto/fechado etc.).

Antes de passar a outros exemplos, é oportuno destacar que a informação está diretamente ligada a um processo de indagação, que ela pressupõe uma escolha e que sua função é eliminar incertezas.

Do exposto, resulta que uma mensagem é tanto mais informativa quanto maior for o número de incertezas por ela eliminado. Seja uma mensagem como

/Estamos em fevereiro./

que pressupõe a prévia indagação "Em que mês estamos?" O conjunto de elementos abrangidos por essa mensagem é de 12; para o que interessa aqui, pode-se descartar "estamos em" por serem elementos redundantes: a pergunta "Em que mês estamos?" poderia ter por resposta apenas "Fevereiro". O conjunto em questão, portanto, é formado pelos doze meses do ano.

Do caso anterior resultou uma fórmula que poderia ser expressa de modo genérico colocando-se, no lugar de 8, n (número de elementos do conjunto envolvido na mensagem) e i (taxa de informação procurada) no lugar de 3:

$$\log_2 n = i$$

Aplicando-se essa fórmula ao caso atual:

$$\log_2 12 = i$$

$$\log_2 12 = 3{,}58.$$

Esta mensagem, portanto, por eliminar um número maior de incertezas (representadas pelo número de perguntas feitas, no caso 3,58), é mais informativa do que a anterior, que eliminava apenas uma situação delimitada por três incertezas.

A resolução de vários exercícios deste tipo demonstraria a real economia do processo uma vez que, embora tenha havido um aumento de 50% no número dos elementos constantes dos conjuntos (de 8 para 12), o número de perguntas necessário passou apenas de 3 para 3,58. Se se dobrasse o conjunto, de 12 para 24, a solução seria

$$i = \log_2 24$$
$$i = 4,58$$

o que evidencia que, quanto maior o conjunto envolvido, maior a economia oferecida pelo processo.

Uma observação a fazer: suponhamos que o caso da mensagem /Estamos em fevereiro./ fosse resolvido pelo processo das sucessivas divisões ao meio anteriormente exposto. Essa mensagem seria equivalente a esta:

/JFMAMJJASOND/

Pede-se a alguém que diga qual o signo escolhido e esta pessoa procede às sucessivas divisões:

1. com este passo /JFMAMJ|JASOND/ ela eliminaria os seis últimos signos

2. fazendo agora /JFM|AMJ/ eliminam-se A, M e J.

Resta um novo conjunto /JFM/ que deve ser dividido ao meio. Pode-se ter /J|FM/ ou /JF|M/. Seja qual for a solução adotada, mais prudente é fazer a primeira pergunta incluir sobre o subconjunto mais extenso: se o signo não estiver nele, automaticamente se terá achado a resposta (pois só pode ser o terceiro, fora dele) com o mesmo número de perguntas que teriam de ser feitas se, contando com a sorte, a primeira pergunta incidisse sobre o elemento isolado e fosse exatamente ele a resposta.

Assim, suponha-se que a divisão feita seja esta /JF|M/. "Está na segunda metade? — Sim". Novo conjunto /F|M/, e com mais uma pergunta, seja qual for, chegou-se ao signo inicial escolhido. Foram feitas assim 4 perguntas no total. Aplicando-se a fórmula diretamente, no entanto, tinha-se chegado ao resultado 3,58 bits. Por que a diferença? É que se o homem estiver envolvido no processo, obviamente ele não poderá fazer apenas 0,58 de pergunta: ou ele faz uma pergunta inteira ou não faz pergunta nenhuma, de modo que tendo passado a marca das 3 perguntas, não poderá parar antes de fazer 4 perguntas. Os números não inteiros, portanto, refletem uma solução não-pragmática para o problema.

Antes de passar para outros casos de quantificação de informação, cabe uma breve discussão sobre o processo binário aqui empregado. Este processo baseado num jogo de opostos (um dos quais *deve* ser escolhido, com isso eliminando-se automaticamente o outro) nem sempre é o mais adequado. Por exemplo, fica evidente que esse processo assume a figura de intolerável maniqueísmo se aplicado na administração da justiça. Pode-se pensar num caso em que se faça uma certa pergunta a uma testemunha sendo-lhe pedido que responda apenas com um sim ou não. Conforme a pergunta feita, conforme a habilidade do inquisidor, é provável que nem o sim, nem o não, sejam uma resposta satisfatória, e forçar a testemunha a optar por um ou outro pode significar uma deturpação dos fatos. O mesmo pode ocorrer quando o que estiver sob análise for uma informação estética. Feita a ressalva, no entanto, admite-se aqui esse processo dada sua evidente economia quando se trata de proceder a divisões. De fato, di-vidir significa exatamente cindir em duas partes, de modo que todo processo de divisão (por 4, 7, 25 etc.) é antes de mais nada um processo de divisão por 2.

Quantificação de mensagens formadas por signos não-eqüiprováveis.

A fórmula acima isolada

$$i = \log_2 n \quad (1)$$

resultou de exercícios com conjuntos cujos signos eram eqüiprováveis. Para uma pessoa acordando de um estado de coma, o mês corrente pode ser qualquer um dentre os doze, indistintamente. (Claro que a eqüiprobabilidade não é absoluta pois trata-se de fato dos meses do ano e não dos meses do ano *ou* dos tipos de fruta *ou* qualquer outra coisa; dentro do sistema implicado pela pergunta — que já delimita o campo do possível — pode-se dizer, no entanto, que os signos são eqüiprováveis.)

Seja agora o caso de uma mensagem como

/XXYZ/

Se aplicada a fórmula (1), a solução seria:

$$i = \log_2 4$$

$$i = 2$$

isto é: essa mensagem conteria 2 bits de informação ou ainda: para determinar cada um dos elementos seriam necessárias duas perguntas. No entanto, pelo método das divisões sucessivas logo se percebe que as 2 perguntas somente são necessárias se o signo a determinar for Y ou Z uma vez que, sendo X, uma única pergunta bastará. Tem-se a situação seguinte:

taxa de informação de: $X_1 = 1$
$X_2 = 1$ (sendo $X_1 = X_2$)
$Y = 2$
$Z = 2$

A questão, no entanto, é determinar a taxa de informação *da mensagem*. Verifica-se que esta apresenta-se sob a forma de um conjunto formado por elementos que dele participam numa proporção variada. Neste caso, não é satisfatório determinar a média simples entre esses elementos e suas taxas de informação, mas sim a média ponderada. De fato, nesse conjunto X aparece duas vezes (ou duas vezes em quatro ou $\frac{2}{4}$) enquanto Y e Z apenas uma vez em quatro, cada (ou $\frac{1}{4}$).

É possível, então, armar o seguinte esquema de resolução:

Signo	Perguntas necessárias	Fator de ocorrência no conjunto ou de ponderação
X	1	2/4 ou 1/2
Y	2	1/4
Z	2	1/4

A média ponderada consegue-se agora multiplicando-se os números de uma coluna pela outra e somando-se os produtos, ou

$$M_p = (1 \times 1/2) + (2 \times 1/4) + (2 \times 1/4)$$
$$M_p = 1/2 + 2/4 + 2/4$$
$$M_p = 1/2 + 1/2 + 1/2$$
$$M_p = 3/2 \text{ ou}$$
$$M_p = 1,5$$

Esse número, 1,5, indica a *incerteza real* de uma mensagem formada por signos não-eqüiprováveis. Traduzindo esse esquema de solução em termos de Teoria da Informação:

a) no esquema acima, observa-se que o número de perguntas necessárias para a determinação do signo é matematicamente igual ao logaritmo do fator de ponderação (indicado por p_i, ou fator de ponderação do iésimo resultado) multiplicado por menos um. Explica-se o menos um: o logaritmo de um em qualquer base é zero, e o de um número menor que um será negativo; como o fator de ponderação é sempre inferior a um (pois indica uma parte do conjunto), é necessário a multiplicação por menos um para a obtenção do número positivo indicador das perguntas necessárias;

b) assim, ao invés de "Perguntas necessárias", no esquema, pode-se escrever $- \log_2 p_i$, e no lugar de "Fator de ocorrência ou ponderação", p_i;

c) a soma dos diferentes produtos obtidos pode ser então indicada por

$$\Sigma \left[(- \log_2 p_i) \times (p_i) \right];$$

d) a incerteza real de uma mensagem é então expressa por (invertendo-se os fatores de (c) para chegar à fórmula tradicional):

$$I_r = - \Sigma\, p_i \log_2 p_i \qquad (2)$$

sendo que assim como há tabelas já preparadas para $\log_2 n$, também há para $- p_i \log_2 p_i$.[14]

Incerteza relativa. Tendo-se chegado à determinação da incerteza real, pode-se agora descrever a *Incerteza relativa* como sendo a razão entre a incerteza real e a incerteza máxima de uma mensagem. A incerteza máxima é a que vem expressa pela fórmula (1) e é, em outras palavras, a referente a uma mensagem com signos eqüiprováveis; pode-se dizer que a incerteza máxima é tomada como denominador dessa razão uma vez que o ideal do informador, sua

---

14. Cf., por ex., E. Edwards, *Introdução à teoria da informação*, São Paulo, Cultrix-EDUSP, 1971 (inclusive para uma visão mais detalhada da parte matemática da Teoria da Informação).

"obrigaçã ", seria utilizar sempre os espaços significantes dispor.´eis para transmitir o máximo possível signos novos. Neste caso, a informação relativa vem expressar aquilo que o informador efetivamente transmitiu em relação àquilo que poderia ter transmitido se sua prática se equivalesse à prática ideal.

Tem-se então:

$$\text{Incerteza relativa} = \frac{\text{Incerteza real}}{\text{Incerteza máxima}}$$

ou

$$I_{rt} = \frac{-p_i \log_2 p_i}{\log_2 n}.$$

No exemplo acima, $l_r = \frac{3}{2}$; $n = 4$ (uma vez que são quatro os espaços significantes utilizados na mensagem) e portanto $\log_2 n\ (I_m) = 2$. Assim,

$$I_{rt} = \frac{\frac{3}{2}}{2} = \frac{3}{4}.$$

Como já foi dito aqui, a taxa de informação de uma mensagem pode vir expressa em porcentagem. Transformando $\frac{3}{4}$ numa expressão percentual

```
4  —  100
3  —   x
―――――――――
4x —  300
 x =   75
```

tem-se

$$I_{rt} = 75\%$$

ou: a taxa de informação relativa de uma mensagem formada por quatro signos não-eqüiprováveis do tipo /XXYZ/ é de 75%.

Redundância. A redundância foi descrita como o que é dito a mais a fim de garantir-se a inteligibilidade da mensagem. Em outras palavras, sendo um coeficiente de segurança, a redundância é uma "medida de desperdício" uma vez que, usando-se esse recurso, deixa-se de transmitir uma certa quantidade de signos novos para repetir alguns dos já transmitidos. Neste caso, no exemplo acima a redundância seria

$$R = 100 - 75 = 25\%$$

Pode-se também exprimir a redundância como sendo a diferença entre a incerteza máxima (o máximo de informação que poderia e deveria idealmente ser transmitida) e a incerteza real (a taxa de informação efetivamente dada), expressa sempre como fração da incerteza máxima, denominador obrigatório da operação de informar. Assim,

$$R = \frac{\text{Incerteza máxima} - \text{Incerteza real}}{\text{Incerteza máxima}}$$

ou

$$R = \frac{\text{Incerteza máxima}}{\text{Incerteza máxima}} - \frac{\text{Incerteza real}}{\text{Incerteza máxima}}$$

ou

$$R = 1 - \frac{\text{Incerteza real}}{\text{Incerteza máxima}}$$

ou ainda

$$R = 1 - \text{Incerteza relativa.}$$

No caso abordado,

$$R = 1 - \frac{3}{4}$$

$$R = \frac{1}{4} \text{ ou os mesmos } 25\%.$$

Os conceitos matemáticos, aqui vistos rapidamente, não esgotam, por certo, a Teoria Matemática da Informação — mas são suficientes para dar uma imagem do que se pode fazer com esse tipo de análise. Não se deve, no entanto, ficar com a impressão de que a aplicação desses conceitos é uma operação sempre revestida da mesma simplicidade e do mesmo grau de certeza. Embora mais adiante seja discutida a aplicabilidade da Teoria Matemática da Informação às mensagens artísticas, desde logo pode-se colocar em evidência a enorme dificuldade encontrada ao tentar-se uma quantificação desse tipo de mensagem — para não dizer que essa é, efetivamente, uma tarefa de Sísifo.

De fato, é muito comum ver-se análises quantitativas que se voltam para o cálculo de letras, ou que pretendem avaliar a quantidade de informação contida, por exemplo, na altura de uma nota produzida por um violino. Mas o que fazer quando o problema colocado é a quantificação de versos como estes, extraídos de *A tarde de verão de um fauno,* de Mallarmé (na tradução de Décio Pignatari):[15]

> Borra de muita noite, a dúvida se acaba
> Massa de muita noite, a dúvida se arma
> Massa de muita noite, arremata-se a dúvida

Como se viu em exemplos do tipo "Estamos em fevereiro", a chave para a quantificação de uma mensagem está na possibilidade de identificar o conjunto ou conjuntos a que remetem os elementos dessa mensagem. No caso, para chegar-se à conclusão de que essa mensagem continha 3,58 bits de informação foi necessário saber inicialmente que "fevereiro" remetia aos "meses do ano". Em relação aos versos de Mallarmé, no entanto, onde estão os conjuntos ou conjuntos? Mesmo que o poema fosse tomado desde o início e em sua totalidade, apenas uma mente eterna e onisciente teria condições de levantar todos os pontos de referência, conjuntos e subconjuntos necessários para essa quantificação. Mesmo assim, essa operação seria impossível e simultaneamente supérflua. Impossível porque o cálculo, exatamente, não teria fim (sendo possível pensar sempre num novo conjunto a incluir) e supérflua porque, embora eventualmente realizada, nada traria à inteligibilidade do poema que já não estivesse dentro dele.

Isto não significa que o método seja inútil sempre e sob todos os aspectos: no caso da informação não-estética, e em circunstâncias em que é necessário ter-se uma certa margem de segurança sobre a quantidade de informação a ser dada a uma bem determinada audiência, através de certos veículos, esse procedimento pode revelar-se vantajoso, do mesmo modo como ilustra de modo útil que informar (e conhecer) é um processo de excluir e incluir, de remeter a um conjunto situado por trás da mensagem e não um processo que se esgota na mensagem superficial.

15. *Mallarmé*, São Paulo, Perspectiva-EDUSP, 1973, p. 89.

Por outro lado, como também já foi observado, esse método exclui de início o problema do significado que, se reintroduzido na análise, complica-a consideravelmente. Quando se lidou com exemplos do tipo /XXYZ/ não se falou dos significados possíveis desses signos, tratados apenas como figuras que ocupavam mensuravelmente um certo espaço: no caso, tinha-se um espaço dividido em 4 subespaços ocupados por 4 signos que na verdade eram 3 apenas porque um se repetia, tendo-se tanto de redundância numérica e tanto de incerteza relativa etc. A simples atribuição de um significado qualquer a esses signos — mesmo significados não-estéticos — complicaria enormemente o cálculo.

8. FORMA E INFORMAÇÃO

Uma tela, uma escultura, um filme podem perfeitamente ser descritos como mensagens, como grupos de elementos de percepção extraídos de repertórios determinados e com uma estrutura certa. Esses mesmos grupos de elementos significantes, no entanto, talvez fiquem melhor sob o rótulo de *forma,* entendendo-se por forma não uma mas um conjunto de mensagens relacionadas entre si e formando um texto unitário. Uma forma pode ser constituída por uma única mensagem — os casos acima analisados entram nesta categoria, em princípio — mas na prática comunicativa é mais comum a ocorrência de formas compostas por mais de uma mensagem, intencionalmente ou não, como se verá mais adiante.

A passagem do conceito de mensagem para o de forma pode ser justificada, ainda, ante a constatação de que o conjunto significativo apresentado por uma pintura, por exemplo, freqüentemente propõe uma significação maior ou mais ampla (ou mais profunda) do que a simples soma das várias mensagens parciais que o compõem. Esta descrição aplica-se, de modo particular, aos casos de informação estética nos quais, isolados os diferentes significados das diversas submensagens, resta um resíduo significativo. Esta forma, entendida assim como uma espécie de hipersigno, pode no entanto referir-se a inúmeros casos de informação fundamentalmente não-estética, como os cartazes publicitários em vias públicas *(out-door)*, anúncios em transmissões de TV etc.

Saber como se recebe uma forma, quais as formas mais fáceis ou mais difíceis de transmitir, quais as de melhor valor: todas estas são questões pertencentes, antes de mais nada, ao campo dos estudos psicofisiológicos sobre o fenômeno da percepção, e sobre elas uma série de teorias foram propostas, entre as quais a Teoria da Exploração e a Teoria da Gestalt. Essas disciplinas e teorias continuam a poder prestar contas dos problemas de percepção das formas, mas a Teoria da Informação tem sua contribuição a dar também aqui.

A Teoria da Informação pode, por exemplo, contornar a oposição estabelecida exatamente entre as teorias da exploração e da gestalt. Pela primeira destas, as formas que atingem um receptor são abordadas analiticamente, divididas em várias seções a seguir meticulosamente estudadas, varridas pelo olho como uma câmara cinematográfica percorre um cenário num movimento lento. Inversamente, a teoria da gestalt apresenta a forma como uma entidade percebida na sua totalidade, como um elemento único do qual dependem as propriedades das partes, como uma totalidade na qual submergem os detalhes. Introduzindo na matéria noções como as de quantidade de informação e tempo de observação, a Teoria da Informação permite que se considere uma e outra daquelas teorias como complementares e não como mutuamente excludentes. De fato, na dependência de fatores como esses, o receptor ora optará pela exploração da forma, ora será realmente obrigado a considerá-la como um todo: estando dentro de um veículo em movimento e tendo de apreender uma mensagem imobilizada numa parede, por exemplo, o recurso primeiro do receptor será tentar apreendê-la como se fosse um todo; mas estando diante de uma tela, num museu, nada impede que uma visão totalizante da forma seja acompanhada por uma exploração dos elementos da mensagem uma vez que o tempo de observação é, neste caso, maior.

Para a Teoria da Informação, portanto, o problema não está tanto em saber por qual processo se dá a percepção de dada forma (o que, de resto, não deixa de ser importante) mas, genericamente, qual a forma mais difícil de ser transmitida e o que fazer para facilitar essa transmissão.

Pelo que foi visto acima, a forma mais difícil de transmitir é a forma entrópica ou, melhor dizendo, com *tendência* entrópica, uma vez que "forma" e "entropia" são termos que se contradizem e se repelem: *forma* pressupõe alguma ordenação, enquanto *entropia* é exatamente a falta de ordenação ou, pelo menos, a ausência de um ponto de referência a partir do qual definir uma ordem eventualmente existente. A. A. Moles descreve esse tipo de forma como sendo aquela que não tem "significado espontâneo". O termo "espontâneo" não é de fato adequado, pois faz supor a existência de formas com significados oriundos automaticamente da própria forma, o que contradiz a descrição já aceita de signo segundo a qual signo é aquilo que representa algo ou alguma coisa *para alguém*. Em todo caso, pode-se dizer que uma forma difícil de transmitir é aquela cujo significado não se produz de imediato para o receptor. Embora aquilo que a terminologia tradicional da também tradicional psicologia da percepção chama de "figuras ambíguas" não seja exatamente um exemplo das ocorrências extremadas de formas entrópicas ou formas de significados não-imediato, não deixa de apresentar-se como formas com um certo grau de dificuldade de apreensão:

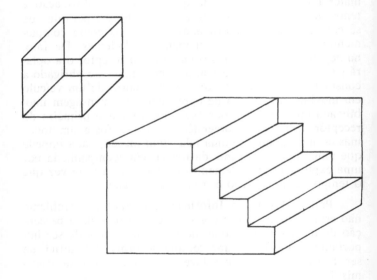

Aqui, a dificuldade de decodificação não é de fato absoluta: num caso não se deixa de reconhecer desde logo que se trata de um cubo e, no outro, da figura de uma escada. O problema é que o cubo ora surgirá como sendo visto por cima, ora por baixo, do mesmo modo como a escada pode aparecer num primeiro momento como uma escada "normal" e, a seguir, como uma escada invertida. Nos dois casos, a construção da mensagem é feita de tal modo que não se evitou o fenômeno da fadiga visual (ou "cãibra do olho"): não será exagero dizer que, em termos de informação, de mensagem nova, nosso olho é mais exigente, muitas vezes, do que nós mesmos, cansando-se rapidamente de uma mensagem velha e passando a explorá-la na tentativa de encontrar novas formas — achando-as se a mensagem as contiver. É o que acontece com as duas formas do exemplo. Conforme o objetivo do informador, pode ser interessante manter a ambigüidade ou encará-la como contraproducente, sendo então necessária eliminá-la ou reduzi-la.

As formas de significação não-imediata não se limitam aos casos das mensagens visuais: podem apresentar-se como formas musicais ou mesmo como formas literárias. Para exemplificar este último caso, basta pensar em *Finnegans Wake,* de James Joyce, "romance" de forma circular no qual se pode penetrar por qualquer página (não há rigorosamente um começo e um fim) e que é composto por palavras explodidas e recompostas com pedaços de outras palavras de variadas línguas, por palavras que revelam várias camadas de significado (palavras-porta-casaco ou palavras-valise). As pinturas do informalismo (ou abstracionismo não-geométrico) também entram nessa categoria — se se insiste em ver nelas algum (ou *um*) significado.

Essas formas equivalem àquilo que Umberto Eco chamou de "obra aberta"[16]. Aliás, que Umberto Eco *rebatizou* de "obra aberta", uma vez que ele não fez mais que revelar-se um divulgador não-confesso do conceito de *forma aberta* proposto por Heinrich Wölfflin em 1915[17]. O elemento caracterizador dessa forma é a ausência de uma organização rígida e delimitada. Aproximando-se de um ponto que poderia ser definido como entrópico, essa forma apresenta-se ao receptor de um modo esvaziado de significados evidentes, como um texto cheio de vazios que deverao ser preenchidos pelo receptor através de um processo de participação ativa na elaboração da mensagem final (um processo de *percepção complexiva,* na terminologia de McLuhan[18]). Exatamente por exigir algum esforço por parte do receptor, este tenderá a afastar-se da forma, que surgirá como "sem sentido".

16. U. Eco, *L'oeuvre ouverte*, Paris, Seuil, 1965. Edição brasileira pela Ed. Perspectiva, São Paulo, sob o título *A obra aberta*.
17. Heinrich Wölfflin, *Conceptos fundamentales en la historia del arte*, Madri, Espasa-Calpe, 1961.
18. M. McLuhan, *Understanding Media: The Extensions of Man*, New York, McGraw-Hill, 1965.

Na verdade, tal como Eco apresenta sua obra aberta, essa forma tem, pelo contrário, uma alta taxa de informação; ambígua, a obra aberta apresenta-se segundo Eco como "uma pluralidade de significados que coexistem num único significante". De modo semelhante, Wölfflin caracterizava a forma aberta (ao contrário da forma fechada, também por ele descrita como um produto limitado em si mesmo, uma mensagem que em todas suas partes remete a si mesma) como aquela que "constantemente alude a seu exterior e que tende à aparência desprovida de limites". Naturalmente, essa forma será aberta e seus limites serão incertos ou elásticos *em relação a um determinado repertório*, o que significa dizer que, conforme os diferentes repertórios de receptores variados, uma forma será ou não aberta, será menos ou mais aberta. Já foi dito — e vale repetir — que em Teoria da Informação não existem entidades absolutas como *a* forma entrópica, *a* mensagem redundante, *o* ruído: tudo existe em função de um determinado referencial, bem localizado aqui e agora (por exemplo, um certo receptor médio com estas e aquelas características).

A construção da forma: recursos. — Pode não interessar a proposição de uma forma ambígua, com significados flutuantes ou excessivamente indefinidos. Uma informação estética não se preocupará com a excessiva abertura da forma proposta e pode mesmo, pelo contrário, fazer dessa abertura ao máximo seu objetivo principal. Mas em determinadas situações, essa excessiva flexibilidade do significado de uma forma pode impedir a consecução do objetivo do informador, que é conseguir uma mudança no comportamento do receptor. Neste caso, pode-se usar alguns recursos facilitadores da inteligibilidade da mensagem.

A contraposição da *forma* a um *fundo* é um recurso já proposto pela psicologia da percepção, que não precisou esperar pela Teoria da Informação para isolar as possibilidades comunicativas desse jogo. Assim, no caso da "escada reversível" deveria bastar um fundo qualquer (como uma parede) para ancorar o significado pretendido, por exemplo: escada em posição "normal". A existência dessa parede por trás da escada funcionaria assim como uma espécie de coeficiente de segurança — como redundância.

Nesse sentido, a Teoria da Informação sugere, por exemplo, a utilização do ruído como espécie de fundo — pelo menos, como já foi dito, o *ruído branco*, esse tipo de ruído ideal que se apresenta como uma massa indistinta de significados sobre a qual pode apoiar-se a forma. Neste caso, o que se verifica é o uso controlado do ruído que, ao invés de ser ocasional, é intencionalmente visado e, ao invés de anular a mensagem, serve-lhe de suporte, de fundo.

Outro modo de entender-se o fundo é o que se tem com o entorno ou contexto: circundando a forma que especificamente se pretende transmitir, o entorno também funciona como possibilidade de amarração do significado. Pode-se dizer que do entorno ou contexto envolvendo a forma (ou texto) há um vazamento ou contaminação de significado que pode ser mais explícito (ex.: uma legenda sob a figura da escada, dizendo "escada para subir ao primeiro andar") ou menos evidente (ex.: alguns móveis espalhados como meros figurantes ao lado da escada mas que contribuem para amarrar seu significado de "escada normal, que sobe de um plano a outro").

A partir das relações entre originalidade e previsibilidade, pode-se constatar que um dos recursos para o aumento da inteligibilidade da forma está no fenômeno da *periodicidade*. De fato, aquilo que se reproduz ao fim de um determinado intervalo de tempo ou espaço fornece ao receptor os elementos necessários para uma previsão da forma transmitida, o que facilita sua recepção. A repetição de elementos significantes a intervalos ordenados (periodicidade) leva à noção de *ritmo,* que por sua vez cria no receptor um *estado de expectativa,* condição específica da previsibilidade. E quanto mais regular for o ritmo (repetição isócrona), maior será a capacidade de previsão. Todas as formas que procuram assegurar-se uma fácil e rápida intelecção jogam, conscientemente ou não, com a noção de ritmo e periodicidade. Assim, as músicas de carnaval — feitas para serem rapidamente aceitas pela audiência — são composições cujo ritmo é simples e evidente: quatro ou cinco compassos básicos alinhavados por um texto em versos rimados (e rima = ritmo) que se utiliza das estruturas e formas mais comuns de modo que, mesmo na primeira audição, o receptor já é passível de entrar num estado de expectativa capaz de levá-lo a prever facilmente o compasso ou a rima seguinte:

Maria Escandalosa... na escola/não dava bola... Maria Escandalosa é mentirosa / é muito prosa / mas é gostosa... Não sabe nada / de história / ou geografia / mas seu corpo de sereia / dá aula de anatomia...

Cria-se uma certa expectativa e dá-se a solução desejada e esperada pelo receptor, que assim não se vê frustrado e consome a forma transmitida. É o que acontece com os filmes policiais das séries da TV ou com os *westerns*, nos quais a expectativa criada é plenamente satisfeita de acordo com soluções habitualmente esperadas pelo público.

Claro que, nessa hipótese, o nível de informação é muito baixo, estando mesmo próximo de zero. O contrário ocorre em romances policiais como *Les Gommes*, de Robbe-Grillet, ou como *La deuxième morte de Ramón Mercader*, de Jorge Semprun (ficção "policial" sobre o assassinato de Trotsky) ou nos filmes ditos "de vanguarda" nos quais, antes de mais nada, não se cria uma expectativa ou, se criada, não é ela solucionada da forma costumeira, frustrando o receptor "comum" e nele provocando um sentimento de indiferença (ou mesmo repulsa) diante da forma transmitida já que ela não se enquadra em seu repertório, já que ela inova, tende a provocar-lhe modificações no comportamento, tenta tirá-lo de sua inércia.

Inversamente, a forma baseada numa periodicidade marcada consegue um alto grau de adesão por parte do receptor. Essa adesão não deve, no entanto, ser confundida com *participação*. A adesão traduz-se por uma atitude passiva diante da forma, um comportamento consumidor e não criador ou recriador. E o que se pretende com a informação é que o receptor participe ativamente de seu processo de construção do significado, única via para uma mudança de comportamento não paternalista e produtiva.

A destacar que, assim como dificilmente se encontrará alguma mensagem sem algum grau de redundância, do mesmo modo nenhuma forma consegue dispensar uma certa periodicidade, que pode ser interna à forma ou exterior a ela (neste caso, a periodicidade se configura com a remissão do receptor a outros casos anteriores que seguem a mesma estrutura). Do mesmo modo, deve-se observar que o "desejo de periodicidade" do homem é intenso, o que leva a uma situação na qual o número mínimo de repetições de um elemento formal, necessárias para que o receptor se sinta autorizado a prever a ocorrência do próximo, é bem baixo. Uma série de experiências nos setores mais variados tem demonstrado que esse número varia ao redor de 5 ou 6, não superando muito essa marca. Isto significa que uma estrutura repetida 3 ou 4 vezes pode colocar o receptor num estado de expectativa tal que ele tentará dizer o que se seguirá. Essa constatação revela uma vontade de participação intensa do receptor no processo comunicativo, sendo necessário, no entanto, uma habilidade especial por parte do informador para transformar essa experiência em real participação, evitando a mera deglutição constatada a todo momento nos meios de comunicação ditos de massa.

A forma da mensagem múltipla. — Assim como uma forma pode apresentar-se como composta por várias mensagens, do mesmo modo uma forma pode abranger mensagens diferentes que põem em jogo canais diferentes. São as *mensagens múltiplas*, mensagens que chegam ao receptor através de vários veículos *(media)* simultaneamente. O cinema, por exemplo, pode ser apontado como exemplo de forma constituída sobre dois canais diversos, *visão* e *audição*. O teatro, além destes dois canais naturais, pode pôr em jogo o olfato e o tato — e mesmo o paladar: o grupo Bread & Puppet costuma oferecer aos espectadores, ao final de suas representações, um pouco de pão por eles mesmos feitos. Também algumas correntes da escultura moderna oferecem formas com mensagens múltiplas, como um objeto de Tinguely: uma falsa máquina que aciona um aparelho receptor de rádio, sintonizando rapidamente uma seqüência de estações transmissoras.

Por essa sua natureza, a mensagem múltipla apresenta todos os mesmos problemas de codificação, transmissão e decodificação verificados nas mensagens singulares, agravados agora por essa sobreposição de canais. O material significante apresenta-se aqui, de fato, muito mais espesso que nas mensagens singulares, e sua ordenação será necessariamente mais trabalhosa se se pretender, por exemplo, uma clara intelecção de determinada informação. Se for este o caso, estabelece a Teoria da Informação que a soma das quantidades de informação das mensagens singulares componentes da mensagem múltipla não deve ultrapassar um certo valor *médio* durante um determinado intervalo de tempo. Para conseguir-se isso — e a fim de evitar que as diversas mensagens se apresentem de modo monótono, seguindo a trajetória constante de uma linha que não se altera — será necessário que as mensagens singulares, dentro da mensagem múltipla, modifiquem alternadamente suas taxas de informação.

Falou-se acima que o índice não deve ultrapassar um certo valor médio num dado intervalo de tempo. A quantidade de informação será determinada em relação à audiência visada pela mensagem, com base numa análise prévia; o intervalo de tempo será determinado pelo informador, conforme a estruturação de sua mensagem. Por exemplo, um cineasta[19] pode determinar que seu filme, a men-

---

19. Nesse exato sentido, veja-se a análise que Eisenstein fez de seus próprios filmes, em particular *O encouraçado Potemkin* (v. S. M. Eisenstein, *La nonindifférante nature*, Paris, UGE 10/18, 1975).

sagem total, se divida em tantos subconjuntos ou intervalos quantas forem as seqüências com significado integral: a seqüência do assassinato, a seqüência do discurso etc. Assim, em *Júlio César* pode interessar ao diretor, na cena do discurso de Marco Antônio, fazer passar ao máximo possível o significado das palavras pronunciadas pela personagem. Como esse discurso não é propriamente banal, a mensagem singular transmitida pelo canal sonoro estará com uma elevada taxa de informação. Nesse caso, a mensagem do canal visual deverá ter sua taxa diminuída: talvez fixar a câmara na personagem ou proceder a poucos cortes, não realizar *travellings,* não colocar a personagem sobre um segundo plano demasiado atraente etc. Do mesmo modo, dentro do próprio canal sonoro a música eventual deverá aparecer em segundo ou terceiro plano ou mesmo deverá ser eliminada, o mesmo acontecendo com os ruídos de cena. Findo o discurso, para que a mensagem múltipla que é o filme não se torne monótona e, mesmo, para realçar o próprio discurso anterior, pode-se aumentar a taxa de informação do canal visual enquanto se diminui a do sonoro, ou aumenta-se a mensagem musical sobre a verbal. Com esse alternância, a mensagem total pode apresentar-se com uma taxa razoavelmente alta de informação ao mesmo tempo em que se assegura um certo grau de inteligibilidade relativa.

Resulta, desse princípio sobre a inteligibilidade da mensagem múltipla, que cada uma das mensagens parciais que a compõem é mais elementar, mais redundante, menos rica em informação do que se estivesse isolada. Uma música de apoio num filme (adequadamente chamada de *fundo* musical) serve apenas como suporte; se apresentada como composição autônoma *poderia* apresentar-se como mais rica. Explica-se o condicional: é que esta constatação vale antes para, digamos, peças musicais autônomas que passam a ser usadas num filme do que para músicas de filme que depois são apresentadas como peças autônomas, gravadas em discos. No primeiro caso o que se tem é propriamente um desbaste da informação: a música original deve ser cortada para adaptar-se a certos trechos, comprimida, alterada. No outro sentido (da mensagem múltipla para a singular) verifica-se a necessidade de estender-se a composição, encompridá-la, enxertá-la com outras passagens — e nem sempre isso é possível, quando se pensa que as ilustrações musicais de certas cenas freqüentemente são verdadeiros "achados", por parte do compositor, válidos justamente por sua brevidade.

A. Moles observa que certas formas de mensagem múltipla apresentam-se como exceções à regra geral da alternância das taxas de informação, e cita como exemplo a ópera, onde o cenário, o argumento e a própria interpretação dos atores viriam num constante e completo segundo plano em relação à música, sua execução e as qualidades vocais dos cantores. Na verdade, esta é uma observação passível de ser feita ao velho modo de fazer-se ópera e não às modernas representações de diretores oriundos do teatro e que dão a todos os componentes dessa mensagem múltipla o mesmo cuidado e o mesmo valor, contribuindo com isso para retirar a ópera do limbo das artes em que tinha sido jogada por uma prática do mau gosto e do equívoco. O princípio da alternância entre as mensagens singulares parciais é de fato uma constante observada por toda parte, quer entre as mensagens estéticas ou entre as não-estéticas — salvo em certos casos de informações estéticas experimentais ou "de vanguarda" em que a preocupação não é em absoluto com a inteligibilidade. O que se tem aqui freqüentemente, no entanto, não é o fenômeno observado por Moles (a predominância constante de um tipo de mensagem sobre outro) mas a manutenção de um mesmo índice de informação em todas as mensagens parciais durante todo o desenrolar da mensagem múltipla, do que resulta uma elevada taxa final de informação, próxima da entropia.

Duas outras observações de A. Moles sobre a mensagem múltipla merecem também algum reparo. A primeira diz respeito a um eventual caráter de "arte coletiva" configurado nos casos de mensagens múltiplas (arte feita por grupos e para grupos) e a suposta ligação obrigatória entre esse fato e a necessária inteligibilidade dessas mensagens, que visariam especificamente *significar*. Se de fato as ocorrências de mensagens múltiplas têm esse aspecto coletivo (cinema, teatro, teleteatro, novela na TV ou no rádio), não é inevitável que a preocupação seja com a significação, que se procure favorecer uma perfeita intelecção da obra. É necessário aceitar que certas informações estéticas, principalmente, não se colocam como objetivo específico a alteração imediata e completa do comportamento de seus receptores; neste caso, elas não visam levar o receptor a realizar um ato imediato mas, eventualmente, preparar uma futura atitude — e neste caso a preocupação com a apresentação de significados claros e precisos não constitui a dominante da obra. Particularmente no caso da informação estética é preciso combater, como cansou de mostrar Herbert Read, entre outros, essa tendência de grande parte do público receptor em tentar ver em toda obra de arte algum significado — num comportamento (resultante de prolongado condicionamento cultural) entre outras coisas responsável pela recusa de grande número de propostas da arte moderna e contemporânea. A presença de um significado claro e de fácil intelecção é reconfortante e tranqüilizador, normalmente, para o receptor — e uma obra de arte deve por excelência incomodar, importunar, provocar o desassossego. Há inclusive, na maioria das mensagens múltiplas, especificamente, um processo de significação absolutamente negativo traduzido pela fórmula

significação = quantificação dos efeitos.

Roland Barthes[20] já desmontou o mito da significação = quantidade no teatro: ao preço pago pelo público burguês deverá corresponder, segundo esse mesmo público, um número de exercícios físicos (um desgaste físico) por parte dos atores, uma certa quantidade de elementos de cenário e uma trama clara (amor, ciúmes, crime e castigo, mistério e sua resolução etc.), de tal modo que, se não houver essa correspondência material entre a quantia paga e a imagem oferecida, o espetáculo será recusado. Assim, muitas das realizações do teatro contemporâneo (ex. o teatro dito "do absurdo") foram repudiadas como não tendo sentido, como não tendo nem pé, nem cabeça, não exatamente pela obscuridade do enredo mas pelo despojamento da encenação. Um cenário feito com um pano preto de fundo, uma ou outra cadeira e atores sem uma brilhante indumentária de época, não era teatro — ou era teatro sem sentido; o teatro perdia seu significado com a eliminação do material de ostentação, numa total e evidente inversão de seu papel. (Deve inclusive ser visto sob esse ângulo a questão do "vestir-se bem" para assistir a uma representação teatral, fenômeno ainda hoje observado com não rara freqüência; o surgimento do teatro, no Renascimento europeu, como um produto da aristocracia para a aristocracia, que deve portanto ser imitado por tudo e em tudo sob pena de não ser teatro, de perder seu sentido, está também na base dessa desinterpretação do teatro.)

Deve ser lembrado que o que leva o receptor a repudiar uma obra sem significado aparente é sua própria inér-

20. Roland Barthes, *Mythologies*, Seuil, Paris, 1970 (edição brasileira pela Difel, São Paulo, sob o título *Mitologias*).

cia, seu próprio comodismo, sua passividade tranqüila. Se o significado lhe é dado pronto, acabado, não sentirá problema algum; inversamente, a ausência de significado (implicando um chamamento à participação) incomoda-o, perturba-o, ameaça-o: ele tem agora de sair de sua gostosa posição de consumidor e dar sua contribuição, manifestar-se. O significado demasiado visível ou inteligível é um recurso usado pelo receptor para fugir à mensagem de uma forma: se um quadro representa uma cena de fuzilamento, a tragicidade evidente do momento figurado já é suficiente para o receptor que, com isso, foge das questões colocadas pela pintura: como isso foi possível, por que, onde aconteceu. O receptor se aferra ao visível, ao significado aparente e não sente necessidade de ir além. Exatamente por isso, a obra aberta atual furta-se freqüentemente à apresentação de *um* significado, uma mensagem unívoca, dando ao receptor a possibilidade de, a partir da obra, fazer seu significado, dela extrair uma espécie de intelecção. Isso equivale a dizer, em termos relativos, que a obra aberta não se coloca o problema do significado: ela apenas sugere certos limites, certas linhas de direção que deverão ser desenvolvidas pelo receptor.

Ainda, por outro lado, deve-se observar que uma das grandes heranças culturais atuais foi a do positivismo que, em relação a este tema, pode ser traduzida por uma crença absoluta na clareza e na existência, sempre, de um significado. Esse significado, no entanto, de fato nem sempre existe ou, quando existente, nem sempre é assim tão claro. A psicanálise já demonstrou que freqüentemente o problema do significado apresenta-se sob a forma de uma boneca russa: de uma maior sai outra pouco menor, da qual sai uma terceira menor ainda e assim por diante — sendo que os significados subseqüentes não são necessariamente mais claros que os anteriores. Isso quando não se chega a uma impossibilidade de sequer delimitar o significado, o que equivale ao encontro de um ponto vazio de significado, um zero significante. Não há portanto razão para atrelar a questão do significado obrigatório e inteligível aos casos de formas com mensagens múltiplas pelo simples fato de serem estas formas "sociais".

A segunda das colocações de A. Moles sobre as mensagens múltiplas a merecer um reexame é a que diz respeito à existência, nas formas com mensagens múltiplas, de uma preocupação e uma tendência mais acentuada para a procura da originalidade do que a constatada nas formas com mensagens singulares, e isto em virtude do caráter "social" daqueles e do traço individual destas.

Também esta proposta de Moles não se mantém embora se possa reconhecer seu traço generoso, visível na tentativa de privilegiar o social, o coletivo. Talvez Moles se baseie, para chegar a essa conclusão, no caso das catedrais góticas, esse que é talvez o maior exemplo de arte coletiva onde de fato se pode encontrar, possivelmente, uma taxa de originalidade maior do que nas obras individuais do mesmo período. Mas um ou outro caso isolado não constitui regra, e sim exceção. De fato, tal como nosso sistema de produção cultural continua estruturado, a proposta original parece ter maior probabilidade de sair do indivíduo que do grupo. Pelo menos, frise-se, enquanto perdurar este sistema social engendrador do subsistema cultural. O grupo, pelas características de sua constituição, está realmente mais próximo de um processo de diluição das propostas inovadoras que de um processo de criação destas. Sua ligação com o código — *i.e.*, com o conjunto de normas que, por sua própria definição, visam antes a manutenção que a inovação — é muito mais fácil de estabelecer-se e manter-se do que com o ato de romper o código. É possível que Moles tenha pensado nas revoluções sociais (encaradas como mensagens revolucionárias), obras coletivas cujo objetivo é exatamente inovar, destruir o velho. No entanto, essas revoluções infelizmente não são, de um lado, tão freqüentes a ponto de justificar a formulação de uma regra geral. E, de outro, seus resultados — pelo menos em termos de informação cultural, de informação estética — não se têm mostrado inovadores, contestadores. Pelo contrário.

Essas relações entre mensagem múltipla, coletividade e originalidade levaram A. Moles, ainda, a dizer que se pode verificar nessas formas a ausência de uma busca de um *estilo* original e único, de um traço a marcar esta produção como diferente daquela. Mais uma vez Moles deve estar-se baseando na tendência para o igualitarismo e o nivelamento em termos político-sociais e tentando extrapolá-la para o campo da informação cultural. É fácil verificar que também esta sua proposta não tem fundamento. As obras cinematográficas são, com toda evidência, exemplos maiores de formas com mensagens múltiplas. E são obras coletivas: o diretor trabalha com um fotógrafo cuja autonomia de escolha de enquadramentos e ação em geral é relativamente ampla, o mesmo se verificando com o compositor que fará o comentário musical e, mesmo, com o montador. No entanto, é absolutamente impossível confundir um filme de Fellini com outro de Buñuel. Não há a menor possibilidade de tomar-se um pelo outro. Isto implica, portanto, o abandono da tentativa de distinguir a mensagem múltipla da singular através do traço *estilo*, se for pretendido que ele inexiste na primeira e está presente na segunda.

9. A INFORMAÇÃO ESTÉTICA E A OUTRA

Aisthanesthai: compreensão pelos sentidos; *aistheticos:* que tem a faculdade de sentir. A palavra *estética* ainda tem uma significação ligada à de sua matriz grega: conhecimento pelo sensível, conhecimento intuitivo, primeiro (mas não primitivo no sentido de inferior em qualidade). A esta costuma-se opor outra categoria de conhecimento, baseado na compreensão pela razão. Estas duas categorias serviriam como denominadores de duas classes distintas de informação: a estética e aquela que alguns teóricos da informação chamam de semântica.

Essa distinção entre dois tipos de informação na verdade não se sustenta, mesmo porque não é possível defender a existência de uma linha demarcatória nítida entre o conhecimento pela razão e o conhecimento pelos sentidos, pelo intuitivo, pelo emocional. Costuma-se dizer que essa separação é feita apenas por razões didáticas — mas é visível a tendência para, num segundo momento, esquecer-se a justificativa operacional e proceder em tudo e por tudo como se de fato aquela divisão existisse e fosse insuperável. Feita esta ressalva — que deve ser mantida em mente o tempo todo — é conveniente verificar como se poderia descrever uma e outra dessas informações, como se costuma entendê-las e que correções se pode introduzir no quadro existente.

Pertencendo à esfera da razão, a informação dita semântica é apresentada como uma estruturação de signos previamente codificados, combinados com lógica (e com lógica específica), do domínio de um grupo relativamente amplo de indivíduos (*i.e.*, ligados a uma matriz sócio-cultural) e capaz de levar de um para outro desses sujeitos uma certa mensagem de caráter nitidamente utilitário, uma mensagem útil para o receptor a servir-lhe como instrumento para algo bem definido. Assim, seria semântica a resposta a uma pergunta sobre a localização de uma rua; uma obra sobre cálculo de fundações também seria uma ocorrência de informação dita semântica, o mesmo se verificando com um manual de reparos mecânicos ou um quadro de horário de trens e ainda uma obra filosófica como *O Ser e o Nada*. Em todos esses casos estaria presente uma informação capaz de preparar, em seu receptor, um ato ou atitude, passível de levá-lo a tomar esta ou aquela decisão (tomar o próximo trem, mudar de vida, fazer uma opção política).

A informação estética é vista como colocada em plano absolutamente oposto ao da informação dita semântica, e esta simples colocação é bastante para apontar a impropriedade de chamar-se esta segunda de *semântica*. Esta palavra está presa ao conceito de significação, refere-se a algo que assinala, que indica, que significa. Obviamente, não se pode então, encarando a informação estética como oposta a semântica, dizer que a informação estética não está ligada à significação, que ele não significa, que não significa nada. No tópico anterior observou-se ser um erro procurar atribuir às mensagens múltiplas um relacionamento direto com o problema da significação, e foi dito que algumas mensagens múltiplas assumiam a forma de informações estéticas e que algumas destas — as formas ditas abertas — não se colocavam, acima de tudo, a questão da significação. Agora, vai-se dizer que a questão da significação não é estranha à informação estética. No entanto, estas não são observações contraditórias; pelo contrário, elas se complementam e procuram mostrar que o erro está na radicalização (tão comum na Teoria da Informação) ao redor dos extremos: isto só significa, aquilo não significa.

De fato, constitui uma afirmação auto-evidente dizer que uma obra de arte pode pretender significar, pode querer transmitir significados, quer sejam estes claros ou obscuros. Um retrato assinado por Rembrandt tinha por objetivo informar alguém sobre as formas do rosto de determinada pessoa nunca vista antes pelo receptor, embora hoje o mesmo quadro transmita, antes, a imagem de uma concepção estética. Um romance como *Sonata a Kreutzer*, de Tolstói, pode perfeitamente querer transmitir, por baixo (ou por cima) de seu arcabouço estético, uma determinada mensagem moralista ou moralizante de significado preciso. Não é possível, portanto, dar margem a entender-se a informação estética como alienada do problema da significação, embora ela não tenha de ficar presa a este aspecto. Destaca-se, com isso, a impropriedade de opor *estética* a *semântica* e, também, de chamar a informação estética de não-semântica e, mesmo, a semântica de não-estética. De fato, nada impede que certa informação cuja preocupação fundamental não seja estética apresente-se com alguma preocupação estética; a diferença estaria apenas numa questão de gradação.

Surge assim o problema da denominação: se chamo uma mensagem de estética, como devo chamar a outra? Não-estética? Tampouco resolve o problema chamar uma de estética e a outra de utilitária, por exemplo. A. Moles insiste em caracterizar a informação estética por sua inutilidade, usando um conceito capaz de provocar deformações nocivas. Moles insiste, de fato, em que a informação estética é inútil, não procurando influir sobre o receptor. Mas, como foi dito, o conhecimento pelos sentidos é útil (e indispensável) na medida em que complementa o racional, como descreve Kant, em cujo sistema a ordem estética configura um estado intermediário e necessário entre as ordens ergástica (razão prática) e semântica (razão pura). Talvez, inclusive, tenha sido daqui que Moles tirou a idéia de denominar um dos tipos de informação como semântico — mas nada o autorizava a opô-lo ao estético ou a pregar a inutilidade deste. Historicamente, constatou-se o conceito de "inutilidade" de arte na Antiguidade grega, quando o fato estético — em oposição ao verificado em outros momentos e civilizações, como a egípcia — adquiriu uma autonomia relativa perante a religião e o Estado, deixando até certo ponto de apresentar-se como vetor de doutrinação religiosa e política. Por não ser mais, exclusivamente, canal de informação mística e ideológica, disse-se que a arte se tornara inútil, isto é, passara a servir apenas como elemento "acessório", de "decoração", bastando a si mesmo. Já foi no entanto suficientemente demonstrado[21] que a arte é uma necessidade individual e social ao mesmo nível de qualquer outra, fisiológica, psíquica, ambiental etc. O fato estético está longe de ser, rígida e exclusivamente, uma realidade superestrutural como pretende grande parte da sociologia da arte; se de fato a arte reveste-se de formas ideológicas (fenômenos ditos superestruturais) dependentes de uma organização infra-estrutural (responsável pela economia básica da existência), não é menos certo que a arte figura também no primeiro nível, ao lado de qualquer outra

---

21. Cf., p. ex.: G. Lukács, *Estética*, Barcelona-México, Grijalbo, 1966, e o tradicional *A necessidade da arte*, de E. Fischer (SP, Ed. Zahar).

exigência humana[22]. O fato estético, seja qual for a forma adotada, nunca se constituirá assim numa inutilidade. O enfoque de A. Moles, para quem a arte não possui, "em nenhum grau", um caráter utilitário, contraria toda uma realidade psicossociológica do homem, e a invocação que faz de Oscar Wilde ao citar uma sua máxima (*Art is quite useless*) pode ter seu valor poético mas, como explicação e justificação de seu ponto de vista, como pretende, não possa de mero "chute" — totalmente descabido, de resto.

Também não há como aceitar a noção de que a arte, a informação estética, é inútil porque não tem por objetivo preparar decisões ou atos. A obra de arte não está obrigada a forçar a preparação de decisões, mas nada impede que o faça. Pretender o contrário é querer negar a evidência da *arte engajada*, que se pretende justamente um instrumento útil no plano individual e social, objetivando não apenas preparar decisões como mudar, efetivamente, comportamentos arraigados. Se uma tela como *Déjeuner sur l'herbe*, de Manet, parece atender à primeira vista "apenas" a uma necessidade estética, Picasso com sua *Guernica* procurou intencionalmente levar a humanidade a tomar conhecimento de um fato (o bombardeamento e destruição de toda uma cidade espanhola pela aviação nazifascista) e a reagir contra ele, procurou fazer com que os homens tomassem uma atitude e praticassem um ato contra uma ideologia assassina. Estes são os fatos: não há como negá-los.

Não adianta, portanto, recorrer a denominações como utilitária/inútil, funcional/contemplativa ou outras do gênero para substituir os rótulos "informação semântica" e "estética"[23]. A respeito, o enfoque de Roman Jakobson não fala em tipos de informação mas em variadas funções da linguagem. Não haveria maiores inconvenientes em falar-se de "funções da mensagem" e assim pode-se dizer que uma mensagem poderia ser, isolada ou simultaneamente:

a) referencial: quando funciona como índice de realidades ("ali vai a mulher");

b) emotiva: quando a mensagem provoca respostas ao nível do emocional ("Estúpido!");

22. Cf. P. Francastel, *Peinture et société*, Paris, Gallimard, 1965.
23. Esta discussão deve ser complementada com o estudo da questão do Interpretante nos termos de Peirce e tal como foi exposto na parte A desta obra. Na verdade, a distinção entre estes dois tipos de informação pode ser substituída, com vantagem, pela distinção entre os tipos de Interpretantes da informação — no fundo, aquilo que efetivamente interessa e é determinante no estudo de um processo de comunicação.

c) conativa: quando se tem uma imposição ("Saia!");

d) fática: mensagem que funciona apenas como elo de ligação entre dois falantes, dispensando-se seu conteúdo ou significado aparente. (— Bem, chegamos, não? — É. — Pois é...);

e) metalingüística: quando a mensagem se debruça sobre outra mensagem (a mensagem "ali vai a mulher" exerce uma função referencial);

f) estética: mensagem estruturada ambiguamente em relação a um determinado sistema de signos e que desperta a atenção do receptor, antes de mais nada, para a forma da própria mensagem.

Além de mais detalhado, o esquema tem a vantagem de não mencionar o termo *semântica*, com isso evitando desde logo aqueles mal-entendidos. Por outro lado, observa-se que as funções de (a) a (e) poderiam ajustar-se àquilo que vem recebendo o nome de informação semântica, equivalendo o item (f) à informação estética.

Partindo-se da constatação que a informação estética é fundamentalmente conotativa, seria possível qualificar o grupo (a-e) como capaz de gerar informações *de notação*, informações cujo objetivo básico é a manifestação de um sentido primeiro, produtor de uma marca fechada (o sentido no plano da extensão) — em oposição às informações de sentido conotativo, produtor de marcas ou traços simultâneos que se superpõem (o sentido do plano da profundidade).

De todo modo, a colocação dessas funções em dois grupos permite um tratamento generalizado aplicável em princípio a todas, evitando-se com isso a abordagem individual de cada uma, que aqui não interessa. E como há diferenças entre um grupo e outro, é o caso de verificar como podem ser elas descritas em termos de Teoria da Informação.

Do grupo (a-e) pode-se dizer, antes de mais nada, que suas mensagens são regidas pelo critério da logicidade. A base é a lógica, quer a lógica comum do "bom senso" ou uma lógica com elevado grau de coerência interna (como a da matemática). Já a mensagem dependente do grupo f não tem de, necessariamente, recorrer aos postulados de uma lógica universal ou seguir obrigatoriamente as normas de lógicas particulares; ela pode ou não fazê-lo, mas a

---

24. *Lingüística e comunicação*, São Paulo, Cultrix, 1970.

ausência de lógica não impede sua existência, nem degrada seu valor informativo. Pelo contrário, freqüentemente o valor de um estado estético é tanto maior quanto mais "ilógica" for sua forma, isto é, quanto mais ela se afastar dos padrões habituais, quanto mais imprevisível for: é o caso das propostas surrealistas, do teatro "do absurdo" etc. Isto não significa, porém, que uma determinada informação estética não tenha sua própria lógica interna.

Esta última observação remete de imediato a um outro traço distintivo entre os dois grupos, diretamente ligado ao anterior. É que as mensagens do grupo (a-e) servem-se de códigos conhecidos e manipulados por grupos relativamente amplos, dentro dos campos das variadas mensagens. P. ex.: uma mensagem como "ali vai a mulher" é em princípio de fácil intelecção por todos os membros do grupo de falantes da língua portuguesa. Já "a entropia pode ser combatida pela redundância" é uma informação que exige, para sua intelecção, além de um grupo de falantes da língua portuguesa, indivíduos com uma formação específica em Teoria da Informação. Mesmo assim, o grupo utilizador do código é de certo modo amplo, embora bem menor quando comparado com o primeiro caso. Quanto à informação estética, os códigos por ela utilizados não necessitam ser de amplo domínio, de grande audiência. Se das mensagens (a-e) se pode dizer que necessitam de um código conhecido pelo menos por dois indivíduos (fonte e receptor), da mensagem estética caba dizer que, para ela, basta o código particular de uma pessoa. É o caso da arte conceitual ou *Kunst in Kofp* (arte na cabeça) que, de acordo com sua teoria, vale mesmo quando existente na mente de uma única pessoa, seu autor. Códigos conhecidos e audiência ampla não são traços necessários da informação estética.

Como resultado da ampla circulação de uma informação "semântica" pode-se dizer que, em virtude de suas características, ela é perfeitamente *traduzível* de um código para outro, de um canal para outro de diversa natureza. Uma mensagem como "A saída é por aqui" mantém seu pleno significado em português como em inglês (para audiências que dominem essas línguas), quer apareça impressa numa folha de papel ou transposta para um filme (sempre na dependência da capacidade de codificação do tradutor e, num segundo momento, dos hábitos de codificação do receptor). Com a informação estética não existe essa possibilidade de tradução plena, já que ela mantém a especificidade de seu sistema de signos, de seu código, de seu canal original. Uma tela de Tarsila somente transmitirá sua particular informação enquanto permanecer ela mesma, isto é, enquanto apresentar-se enquanto tela, *aquela* tela; não se obterá o mesmo resultado com uma tentativa de descrição literária da tela, nem com sua filmagem. Com esses procedimentos pode-se obter uma nova informação estética, mais rica ou mais pobre que a original, não importa, porém não a mesma informação original, nem um seu equivalente. A informação de uma tela qualquer de Tarsila só existe e é transmitida na medida em que o receptor estiver diante dessa tela, ele pessoalmente e a tela também "pessoalmente". O mesmo acontece com um livro que, por exemplo, nunca pode ser traduzido para o cinema, e vice-versa. Esta situação — derivada do fato de que uma mensagem estruturada dentro de um certo código gera significados determinados por esse código, e pelo canal original, que mudam se mudados código e canal — faz com que se observe a impropriedade e a inutilidade de comparações entre os resultados de um livro e de um filme. Não cabe dizer que o filme, por exemplo, foi infiel ao livro, *pois outra coisa não poderia acontecer*. Também se revela irrelevante dizer que este filme foi menos ou mais fiel ao livro do que aquele: a única coisa que se pode dizer é que se trata de dois produtos diferentes, irremediavelmente. A recriação da informação original é possível, mas isto já implica a mutilição, *i.e.*, transformação da informação inicial.

Um outro traço a distinguir as mensagens do grupo (a-e) das compreendidas no item f é o que diz respeito à *esgotabilidade da mensagem* transmitida. A mensagem "A saída é por aqui", dada a alguém necessitado de saber que direção tomar, reveste-se de grande valor para o receptor na medida em que lhe traz uma informação nova, imprevisível. O valor dessa mensagem, no entanto, esgota-se nesse exato momento da primeira transmisão, uma vez que se a mesma mensagem lhe for passada uma segunda ou terceira vez, nada mais dirá ao receptor por ser inteiramente redundante, previsível, esperada. Saber pela segunda vez que o caminho a tomar para sair daqui é este, não possibilita ao receptor nenhuma nova experiência: o significado, ou a rede de significados possíveis, esgotou-se irremediavelmente na primeira vez.

Já a informação estética não é passível desse esgotamento. Quanto maior for a taxa de informação de uma mensagem estética, mais variadas serão as abordagens por ela permitidas. Seu significado poderá variar tanto quanto forem seus receptores ou, ainda, variar para um mesmo receptor, em momentos diferentes. A informação contida num texto de Shakespeare, por exemplo, não se esgota num único momento: ao lê-lo com vinte anos, um receptor poderá extrair do texto uma certa quantidade de informação; uma releitura realizada dez anos mais tarde, quando a experiência vivencial do receptor seguramente já é outra, poderá permitir a apreensão de novas informações. Isto significa que a informação estética de um produto não se esgota facilmente, há sempre algo novo para retirar-se dele. E pode mesmo nunca se esgotar. Joyce queria, para leitor ideal para seu *Finnegans Wake*, alguém que passaria a vida inteira lendo apenas esse livro, afirmando haver neste material suficiente para tanto. E nada permite supor que ele estava enganado.

Esta característica da informação estética leva a que se reavalie o papel nela desempenhado pela redundância. Como foi observado, a redundância é um recurso com a finalidade específica de diminuir a taxa de informação de uma mensagem, diminuindo seu grau de originalidade e aumentando sua previsibilidade. Isto com o objetivo de tornar mais inteligível a mensagem para o receptor. Como conseqüência disso, registra-se que, quanto mais acentuada for a redundância, mais facilmente se consegue esgotar a mensagem, dela extraindo todos os significados possíveis. Esta equação, no entanto, não se aplica à informação estética.

Considere-se um auto-retrato da última fase de Rembrandt, e suponha-se que um certo receptor já conhece essa obra por ter visto reproduções suas e, mesmo, por já tê-la contemplado pessoalmente. Num dado momento, anuncia o jornal que essa tela será proximamente exposta no museu de sua cidade. Se válida a equação antes citada, esse simples anúncio seria suficiente para o receptor reconstruir mentalmente a informação implicada e seus significados. Não precisaria ver a obra, pois ela já faria parte de seu universo semântico. Revê-la seria um ato de redundância absoluta. No entanto, ele vai ao museu, revê a obra e verifica a ocorrência de traços, nela, não percebidos inicialmente. De traços que só agora lhe são visíveis, em virtude de um conhecimento específico maior ou de sua vivência. Isto significa que a redundância, em relação à informação estética, não funciona do mesmo modo como com as mensagens do grupo (a-e). O conhecimento prévio de uma mensagem estética não perturba sua nova transmissão; antes, pode contribuir para o maior rendimento desse segundo contato com a obra.

Esta particularidade da informação estética põe em evidência a existência de mais um paradoxo da Teoria da Informação (como o formado pelo fato de que entropia máxima e redundância acabam gerando uma mesma coisa: o zero de informação), o que mais uma vez confirma a necessidade de, usando essa teoria, enviar-se as colocações absolutas.

DISCUSSÃO

1. QUANTIDADE E QUALIDADE NA INFORMAÇÃO

Como foi observado acima, para muitos teóricos da informação não interessa a significação de uma mensagem, entendida como resultado de um processo interpretativo, mas apenas seus aspectos quantitativos, tidos por "objetivos". Melhor: chega-se mesmo a identificar a significação com a informação material e quantitativa, apresentando-se "significação" e "quantidade" como sinônimos perfeitos.

Na verdade, o abandono do estudo da significação de uma mensagem, dependente de uma série de fatores, entre os quais a situação específica de um certo receptor, implica a perda da capacidade de avaliar, com algum grau de precisão, o valor dessa mensagem. Num primeiro, momento seria talvez possível reduzir uma informação ao nível da quantidade; mas o estudo daí decorrente não significará muito se, num segundo momento, não for corrigido com a análise da significação, existencial, situada em outro nível. Por exemplo, uma mensagem como "as frescas águas da cachoeira", se analisada dentro dos limites quantitativos da Teoria da Informação, pode apresentar-se como mensagem de baixa taxa de informação, bem baixa mesmo na medida em que nada de novo é dito: as águas de uma cachoeira são geralmente frescas, a forma da mensagem não é original, sua estrutura é normal, segue as leis da lógica lingüística. Nada de novo é trazido. No entanto, a mensagem está carregada de significados, tanto mais diversificados e complexos quantas forem as condições particulares de seus eventuais receptores. Formulada num quente dia de verão, essa mensagem terá todo um poder evocativo de evidente força; num outro contexto, poderá lembrar a alguém determinados momentos da infância etc. Assim, uma proposição aparentemente simplista, unívoca, revela-se ambígua, multiforme. Que dizer então de "Stop. A vida parou ou foi o automóvel?", um verso de Drumond?

É possível lembrar que uma análise informacional, para subsistir, não pode ficar levando em conta as variadas condições particulares dos diferentes receptores e modos de transmissão. Ela teria de apoiar-se numa *média*, só alcançável através de métodos quantitativos naturalmente redutores. Mesmo levando isso em consideração, e recordando ainda que a Teoria da Informação foi inicialmente formulada para o estudo da transmissão física de mensagens, o fato é que sua aplicação no campo da comunicação social não permite que se encare como postulado intocável sua crença na quantidade e na quantificação da mensagem. Essa insistência não consegue esconder sua origem ideológica.

Realmente, a fascinação pela quantidade é o que melhor define e o que mais interessa ao tecnocrata. Para o tecnocrata, mais é sempre melhor. Contudo, pouca coisa há de mais incompatível com as necessidades básicas do homem do que um *ethos* assim quantitativo. A quantidade é a essência e o sinônimo das atuais sociedades ditas de consumo (que talvez logo deixem de sê-lo, forçadas pela crise de energia): tudo é traduzido em números, em quantidades, sem se fornecer uma interpretação desses signos numéricos. Tudo é quantificado: como na Renascença, hoje um homem vale aquilo que ele ganha, e não por sua capacidade intelectual, seu comportamento social etc. A "condição" de um indivíduo é medida pela quantidade de coisas possuídas, numa equação que se exaspera até o ponto em que o homem é simplesmente = às coisas possuídas. A quantidade passa a ser o denominador comum. Tudo deve render quantitativamente: um carro que custe 100 mil deve render o equivalente em prestígio social, e assim por diante. O mito da quantidade invade mesmo setores da atividade humana supostamente mais estranhos, até aqui, à quantificação; os setores ditos "imateriais", como o da cultura, das artes. O denominador das formas culturais sempre foi a qualidade: pois hoje assiste-se a uma quantificação da qualidade. A qualidade apresenta-se hoje como algo de difícil apreensão, como algo que parece fugir ao domínio da razão prática — escapando portanto do domínio da imediaticidade tão cara ao comportamento pequeno-burguês. Ela deverá ser portanto quantificada, já que assim consegue-se uma economia de inteligência. Já foi mencionado o caso da quantificação do teatro burguês onde se estabelece uma igualdade quantitativa entre preço da entrada e o cenário menos ou mais luxuoso, além da quantidade de lágrimas derramadas pelos atores ou seu efetivo dispêndio de energia.

"Mais informação" não pode, por si só, ser considerado como "melhor informação". Não pode ser deixada de lado a questão do *valor* da informação transmitida. Exemplos não faltam nesse sentido. Basta lembrar a Alemanha nazista, um dos primeiros grandes casos de utilização maciça de meios de comunicação para a massa. O povo alemão foi bombardeado por uma quantidade possivelmente sem precedentes de mensagens, e teve seu comportamento mudado, sem dúvida. Preencheram-se, portanto, os requisitos necessários à configuração da informação, nos termos da teoria. Mas passar por cima do aspecto qualitativo da mensagem é correr o risco, por exemplo, de defender uma propaganda fascista simplesmente por ser grande a quantidade de elementos por ela manipulados. Embora muitos teóricos da informação não se sintam melindrados por correr esse risco, esta é, com toda evidência, uma postura insustentável.

Alguém poderia lembrar de trazer para a discussão o argumento segundo o qual também do ponto de vista do pensamento marxista a quantidade está ligada à qualidade, com esta dependendo daquela. Neste caso, a proposta da quantidade/qualidade, encampada também pela Teoria da Informação, surgiria resplandecente sob seu

...nanto revolucionário. De fato, em sua *Dialética da natureza*[1] Engels arrola como a primeira das três leis da dialética exatamente a lei da transformação da quantidade em qualidade, e vice-versa. Para Engels, na natureza as mudanças qualitativas só podem ser realizadas através de um processo de acréscimo ou subtração quantitativa. Afirma ser impossível modificar a qualidade de um corpo sem provocar uma mudança quantitativa desse mesmo corpo. E dá, em apoio de sua tese, uma série de exemplos extraídos do domínio da física e da química. Observa, por exemplo, a diferença entre o gás hilariante (ou monóxido de nitrogênio: N_2O) e o pentóxido de nitrogênio (N_2O_2): o primeiro é um gás e o segundo, um corpo sólido, cristalino. E a diferença entre ambos, a justificar a diferença qualitativa, é meramente quantitativa: o segundo contém cinco vezes mais oxigênio do que o primeiro.

O objetivo de Engels ao formular suas leis da dialética da natureza havia sido o de mostrar que a natureza não era algo ossificado, invariável, algo que havia sido feito de uma só vez e para todo o sempre. Essa concepção, imobilista e reacionária, deveria ser superada por outra que mostrasse a natureza como algo que também está num processo de constante transformação. Sob esse aspecto, a dialética era apresentada como a ciência das leis gerais da transformação, com aplicação não só na natureza como na sociedade e mesmo na mente humana. Deste modo, se teria uma totalidade perfeita onde o social e o natural caminhariam juntos num processo de evolução contínua.

Muitas das observações científicas de Engels revelaram-se corretas. Nem todas, porém. E embora a lógica dialética seja hoje um instrumento do conhecimento cujos resultados positivos foram demonstrados, a aplicação do princípio da transformação da quantidade em qualidade está entre aquelas que não puderam ser cabalmente demonstradas — pelo menos no campo da comunicação. Particularmente se se pretende afirmar que, por exemplo, o aumento de quantidade de informação provoca uma mudança qualitativa *para melhor*. Não se pode negar que a exposição de uma certa audiência a uma taxa de informação cada vez maior acaba por provocar uma mudança na qualidade de seu comportamento. Mas para dirigir-se essa mudança qualitativa para objetivos socialmente válidos é necessária a intervenção ao nível do conteúdo das mensagens, ao nível da significação portanto. Não basta lidar com o *quanto*, é preciso conhecer *o quê* e *para quê*.

1. Rio de Janeiro, Paz e Terra, 1976, 2.ª ed.

2. INFORMAÇÃO E ESTÉTICA CIENTÍFICA

Em sua *Pequena Estética*[2], Max Bense apresenta uma proposta de trabalho sobre o produto estético que poderia desembocar na formulação de uma Estética Científica, em oposição às estéticas tradicionais. Em que implica essa nova estética, quais suas crenças, suas limitações?

A "estética informacional", que opera com meios semióticos e matemáticos, caracteriza os "estados estéticos", observáveis em objetos da natureza, objetos artísticos, obras de arte ou *design*, através de valores numéricos e classes de signos. Vale dizer, ela os define como uma espécie de "informação": a informação estética, constituída em relação a uma fonte, isto é, a um repertório de elementos ou meios materiais.

Este é um dos quadros com que opera Bense. Sob um aspecto, o que ele propõe aqui é a tradução dos estados estéticos em valores numéricos.

É necessário voltar um pouco atrás e recordar que, por sua própria definição, o fenômeno estético deve ser antes de mais nada recortado no campo das experiências sensoriais. A inclusão da ordem racional no processo de recepção de uma informação estética — e mesmo a tentativa de fazer com que essa ordem substitua inteiramente a ordem estética — não apenas é eventualmente dispensável como freqüentemente põe tudo a perder ao tentar definir (cercar) o sistema de signos da arte através de outro sistema de signos totalmente estranho ao primeiro. A tentativa de tudo explicar, traduzir, trocar em miúdos, ordenar, é grande herança que a sociedade atual herdou, de modo particular dos últimos cento e tantos anos. Essa aspiração ao racionalismo absoluto tem hoje bem visíveis seus grandes marcos: Marx em relação à economia, Darwin para as espécies e, notadamente, Freud mergulhado na aventura talvez a mais radical de todas: tentar explicar o inexplicável, passar conscientemente para o nível do inconsciente. Há, com isso, uma espécie de seqüestro do irracional, um recalque de sua presença para zonas supostamente as mais afastadas da consciência. Mas essas áreas estão bem mais próximas do consciente do que muitos poderiam desejar, e não deixam de manifestar sua presença.

Um dos modos de tentar conter a ação desse irracional é pretender que ele pode ser traduzido — implicando a crença de que, afinal, ele não é tão perigoso assim. Mas se a caracterização de um estado estético através, por exemplo, dos signos de uma língua natural (como o português)

2. São Paulo, Perspectiva, 1971.

já é inadequada, mais ainda — se é isto possível — será sua identificação com "valores numéricos". Já foi visto aqui que a informação estética apresenta-se como o contrário (senão o contraditório) da informação dita, mal ou bem, semântica, e que a primeira não pode ser traduzida na segunda, do mesmo modo como não admite nem mesmo uma transposição para outro código ou canal, ainda que se procure manter seus traços estéticos, sem apresentar um vasto volume de resíduos.

É certo que uma experiência simbólica, como a proposta pelos fenômenos estéticos, quase sempre faz-se acompanhar pela necessidade de tentar entender essa experiência, isto é, explicá-la de algum modo. Esta é uma constante histórica. Mas esse desejo de penetração no universo dos estados estéticos não pode evitar o cuidado de procurar abordar os signos estéticos com outro sistema de signos o menos distanciado possível daquele inicialmente operado pela manifestação estética. E a linguagem matemática não se encaixa nessa condição. Apresentando-se regida por um sistema de coerência interna absoluta (ou quase), essa linguagem está longe de poder produzir uma abordagem que integra as contradições, ambigüidades, hesitações, meias- -voltas e arrependimentos sem cuja presença não se configura um estado estético.

Muita estética informacional pretende desmistificar o produto e o estado estético combatendo os conceitos de "mistério", "dom inato", "inexplicabilidade", "ação interior" e tantos outros mais que caracterizaram as estéticas tradicionais. Mas se de fato não cabe mais aceitar o malabarismo ilusionista que envolvia essas estéticas, é o caso de perguntar se a aplicação de normas ditas científicas aos fatos estéticos não é outra forma de mistificação configurada na tentativa de encontrar, em algo, componentes nele inexistentes.

Continua Bense:

> Naturalmente, esta estética não pode ser qualificada como estética filosófica. As reflexões metafísicas lhe são essencialmente estranhas. Prevalecem nela, pelo contrário, pontos de vista matemáticos e tecnológicos. Daí ter-se falado não só em estética "matemática" mas também em estética "tecnológica".

Técnica, o grande mito contemporâneo que não cessa de ser posto em xeque e que parece exatamente alimentar- -se de seus contínuos fracassos. É lícito falar-se mesmo na existência, hoje, de uma tecnodisséia de consagração das atividades pouco discutidas, porém muito discutíveis, dos novos e grandes sacerdotes deste tempo, os técnicos. Os quais funcionam como profetas dos novos senhores da verdade, os tecnocratas, cuja preocupação maior é apresentar a tecnologia como a única disciplina sintetizadora da realidade, como a chave da verdade, a pedra filosofal dos novos tempos que, a esta altura, já nos horrorizam com sua velhice. Por dizer-se imparcial, por querer-se despojada de ideologias (quando é a mais forte delas) e das ditas "fraseologias vazias" da filosofia e das ciências humanas, a tecnologia exige que creiam nela como corporificação inconteste do bem absoluto. A técnica é assumida como sendo em si boa para o homem, e portanto os tecnocratas não podem deixar de querer senão o bem dos homens. Ao tecnocrata, paternalista, todo o poder. Tudo deve ser transformado em coordenadas, em números num quadro, inclusive o homem e seus produtos intelectuais ainda que, se uns e outros forem efetivamente encerrados em tabelas, isto venha a equivaler à mutação de todos em objetos de figuração nos mundos descritos por Orwell e Huxley — cuja lembrança nunca será inoportuna, descabida ou em demasia. A filosofia é posta fora de moda, especialmente nos países subdesenvolvidos onde toda atenção está voltada para aquilo que é apresentado como preocupação primeira da sociedade: as atividades economicamente rentáveis.

No entanto, não: é preciso a todo custo denunciar esse abandono da filosofia e sua substituição pela tecnologia como forma nada disfarçada de controle do homem e das sociedades. No caso da estética, cabe lembrar que, nos próprios termos da Teoria da Informação, o valor maior está na tendência para a entropia, e a estética não tem assim por que deixar de ser uma disciplina do conhecimento cuja especificidade está exatamente em organizar-se desorganizadamente, "caoticamente". Caos de que foge a tecnologia por nele adivinhar, com razão, um princípio criador — que ela pretende ver esmagado por toda parte.

Bense:

> Esta estética foi portanto concebida como uma estética *objetiva* e *material* que não opera com meios especulativos, porém com meios racionais. Seu interesse primário é o objeto: a relação com o consumidor, o observador, o comprador, o crítico etc. cede-lhe o passo. Não se trata de uma "estética do gosto" mas de uma "estética da constatação", na qual "estados estéticos", seus "repertórios" e seus "portadores" são descritos de forma "objetiva", "material" e "exata", na linguagem abstrata de uma teoria geral empírica e racional.

Esta passagem de Bense implica, antes de mais nada, uma remissão ao que já foi dito sobre a crença no racional como pedra de toque (já gasta) da contemporaneidade. Há outros aspectos a ressaltar, porém. O primeiro diz respeito à contradição que se procura estabelecer entre "meios especulativos" e "meios racionais". Não há, na verdade, oposição entre esses conceitos. A razão que não for especulativa é uma redonda inutilidade pois nada menos se pode esperar, do uso da razão, senão que ele se volte para o não-sabido, para o provável, para o futuro, deixando em seu devido plano (o secundário) o debruçar-se sobre o presente e o passado, isto é, sobre o já estabelecido, sobre aquilo que não precisa mais ser especulado.

Em segundo lugar, tampouco é aceitável essa ênfase numa objetividade que ainda não conseguiu apresentar sua carteira de identidade e que só tem sido usada como recurso para calar o debate e a crítica. Não é este o lugar para discutir as possibilidades de uma análise objetiva e o plano ocupado pelo subjetivo, mas cabe pelo menos ressaltar que a crença numa estética objetiva equivale à crença de um ser-analista que paira por cima de todas as coisas, uma espécie de Deus-estético. Essa estética, além de não interessar, só pode ser indício de uma vontade megalomaníaca de dominar e explicar o mundo de modo incontrastável. Coerente com esse desejo, Bense declara que o interesse primário dessa estética é com o objeto, e não a relação desse objeto com seu receptor. Agora, é o caso de perguntar se Bense pretende fazer uma estética dos objetos para os objetos. Acontece que até agora não se sabia que eram os objetos capazes de formular e mergulhar em estados estéticos. Um objeto só existe *(ob-jectum =* aquilo que está colocado diante de) para um sujeito, só interessando as relações que possa estabelecer com esse sujeito. Não se trata, por certo, de defender a existência apenas de visões subjetivas: há, no objeto estético, uma estrutura mínima independente dos vários sujeitos embora essa estrutura não seja objetiva mas, sim, fruto de uma proposta no máximo transubjetiva. Contudo, como não é possível falar na existência de estados estéticos de um objeto que sejam naturais, inatos, toda estética simplesmente objetiva é uma inutilidade.

Por outro lado, acabar com a "estética do gosto" não é tão mau assim. Mas identificar a "estética do gosto" com a estética interpretativa, como faz Bense, e querer eliminar ambas já não é novamente aceitável. A questão da interpretação recai, antes de mais nada, no problema da significação, já abordado aqui. Em segundo lugar, não há como esquecer que em termos de estética os valores, o significado de uma obra, mudam conforme o momento histórico e a tábua interpretativa (ou ideológica) por este proposto. Uma proposição como "a raiz quadrada de 64 é 8" permanece imobilizada através dos tempos em sua "objetividade", mas uma tela de Cézanne não aceita apenas a explicação-interpretação proposta pela Teoria da Gestalt. (Esta mesma teoria também parte da pressuposição da existência de formas espaciais "naturalmente" privilegiadas, esquecendo que o espaço é uma criação humana e que sua concepção e formas variam conforme variam os momentos históricos.)

Essa pequena estética, baseada rigidamente nos postulados da Teoria da Informação, entre outros, não deixará nunca de ser uma estética pequena, uma meia-estética, enquanto não admitir a legitimidade de uma abordagem interdisciplinar na qual, além do estudo do objeto estético em si (e uma vez que ele nunca poderá transformar-se em objeto *para si*), não se deixe de verificar as relações entre esse objeto e seu consumidor. Max Bense na verdade reconhece, numa passagem, a inevitabilidade de um estudo da relação sujeito-objeto-mundo. Mas esse reconhecimento permanece sufocado pelo desejo de uma estética técnica que não confessa ou não percebe seu alcance totalitário.

3. ESTÉTICA NUMÉRICA: O CURTO FÔLEGO DA OBJETIVIDADE

Ainda em *Pequena estética*, Max Bense, propondo a substituição da avaliação interpretativa por um algoritmo numérico de processamento invariável, capaz de corresponder aos anseios de sua estética dita "objetiva", cita e endossa o trabalho do matemático americano Birkhoff[3] que propôs, em 1933 *(Aesthetic Measure)*, o conceito de *medida estética* e um processo para chegar-se até ele.

O objetivo dessa medida estética seria o de proporcionar uma tradução dos estados estéticos, motivados por um objeto estético, em expressões ditas racionais, objetivas, puras, manifestadas por números.

A "medida estética" de Birkhoff é expressa por

$$M_E = \frac{O}{C}$$

---

3. George David Birkoff, 1884-1944. Cf. «A mathematical Theory of Aesthetics» in *Collected Mathematical Papers*, New York, 1950.

em outras palavras: a medida estética seria o quociente entre o grau de ordem (O) e o grau de complexidade (C) do produto estético.

A Teoria da Informação confirma a adequação da escolha da ordem e da complexidade como fatores *indiciais* do valor estético de determinada obra. De fato, como já foi visto, sendo considerado como um tipo de mensagem, o produto estético tem no seu grau de ordem um elemento determinante de sua taxa de informação: não podendo deixar de apresentar-se de alguma forma ordenado, se se pretende sua transmissão (e sua desordem nada mais é que uma ordem outra), esse produto deverá, por um lado, jogar com um mínimo e um máximo de ordem. Por outro lado, não é apenas a ordem o elemento responsável por sua taxa de informação, mas também a complexidade: quanto mais elevada for esta, em princípio maior será a quantidade de informação veiculada. A complexidade vem mesmo compensar os efeitos da ordem: uma grande complexidade elimina ou diminui os efeitos negativos (em termos de informação) de uma ordem excessiva, podendo-se dizer que a tendência para a complexidade máxima equivale à tendência para a entropia máxima.

Assim, embora Birkhoff não se remeta diretamente à Teoria da Informação, esta confirma a pertinência dos fatores por ele escolhidos, bem como a indicação da complexidade para denominador da equação.

No entanto, não basta dizer que a medida estética obtém-se como resultado do quociente entre ordem e complexidade. É necessário indicar quais os elementos que, por sua vez, constituem a ordem e a complexidade, de modo a ser possível sua quantificação. Birkhoff então descreverá "O" como sendo o resultado da soma entre os valores da "simetria do eixo vertical" (V), "equilíbrio" (E), "simetria de rotação" (R), "inseribilidade em uma rede horizontal-vertical" (HV) e... "agradabilidade" (A).

A rigor, a análise do cálculo da medida estética de Birkhoff poderia deter-se exatamente aqui. Essa medida apresenta-se como capaz de propor um método objetivo e racional de avaliação dos estados estéticos e, no entanto, acaba reconhecendo que esse cálculo tem de apoiar-se de algum modo na "agradabilidade", que representa a porta pela qual a subjetividade penetra e toma conta de toda a equação — embora se tente traduzir essa agradabilidade em signos numéricos.

Mas, continue-se a análise mais um pouco, esclarecendo ainda que "C" é dado pelo número de lados da figura geométrica em que se inscreve a obra medida. Deve ficar evidente agora que a proposta de Birkhoff nada mais é que fruto de uma escolha inteiramente pessoal, subjetiva, que tenta apresentar como universais, naturais e racionais, valores pertencentes na verdade a uma particular ideologia. Ao manipular conceitos como simetria, equilíbrio, plano horizontal e vertical, Birkhoff demonstra estar preso a conceitos do Renascimento, portanto velhos de pelo menos cinco séculos — sem querer remontar à Antiguidade grega. Os artistas da Renascença, baseados exatamente no molde grego, *propuseram* a simetria, o equilíbrio, a composição, a harmonia das relações expressas por um número, o ritmo matemático da composição, o equilíbrio entre as partes de um espaço como *novos* módulos estéticos — não implicando isto no fato de terem eles descoberto a essência do belo, a naturalidade e a inevitabilidade do belo. P. Francastel[4] já demonstrou como a noção de espaço, sua organização, descrição e avaliação, dependem de um valor exclusivamente cultural, isto é, do valor social de um momento historicamente determinado. Em outras palavras, Francastel mostrou como essas noções renascentistas foram resultado de uma *adoção* e não de uma descoberta. Tais noções são assim simples propostas, cuja finalidade é serem superadas por outras, como de fato ocorreu através das propostas maneiristas e barrocas. Birkhoff, endossado por Bense, no entanto, prefere ficar preso a um determinado período histórico, o que em si não seria nenhum inconveniente se ele não pretendesse apresentar esse padrão como a matriz incontornável pela qual tudo deve ser avaliado.

Mas, continuando: sua fórmula passa então a ser a seguinte:

$$M_E = \frac{O}{C} = \frac{V + E + R + HV - A}{C}.$$

Falta ainda a tradução numérica a permitir a quantificação final. Servindo-se de um sistema compósito, Birkhoff estabelece os seguintes valores:

$$V \begin{cases} \text{simetria vertical existente} = 1 \\ \text{simetria vertical inexistente} = 0 \end{cases}$$

$$E \begin{cases} \text{equilíbrio existente} = 1 \\ \text{equilíbrio inexistente} = 0 \end{cases}$$

---

4. *Peinture et société (Naissance et destruction d'un espace plastique)*, Paris, Gallimard, 1965.

$$R \begin{cases} = q/2, \text{ dado por } a = 2\pi/q, \text{ quando a simetria de} \\ \text{rotação é dada por } a \leqslant \pi/2; \text{ caso contrário, 0} \end{cases}$$

$$HV \begin{cases} \text{figura inserida totalmente numa rede horizontal} = 2 \\ \text{parte de seus lados orientada horiontal ou verticalmente} = 1 \\ \text{nos demais casos} = 0 \end{cases}$$

$$A \begin{cases} \text{se a figura é "agradável"} = 2 \\ \text{caso contrário} = 0 \end{cases}$$

Uma série de objeções poderiam ser aqui levantadas: quantificação ora baseada num sistema binário (0, 1) ora num sistema ternário (2, 1, 0) ora num sistema binário mas com valores diferentes do primeiro (0, 2) ou num cálculo especial (para R); escolha aleatória dos elementos significativos (por que optar pela inserção na simetria vertical e a seguir aceitar ainda uma inserção na rede HV?); escolha injustificada, subjetiva, dos valores numéricos para cada situação (por que atribuir 1 quando existe equilíbrio? e se eu exatamente privilegiar a inexistência de equilíbrio?) Basta, porém, ficar apenas com a análise de um dos elementos de sua fórmula, a agradabilidade. O próprio Bense afirma em sua *Pequena Estética* que o objetivo de sua estética científica está na análise dos estados estéticos em si e não na apreciação da relação entre o objeto e seu receptor. Já foi observado no tópico anterior ser este um objetivo que não se sustenta, em estética. Além disso, pode-se ainda dizer que é estranho o fato de Bense não ter percebido que, sendo aquele seu conceito de estética, não poderia ele privilegiar um sistema como o de Birkhoff, no qual se fala em agradabilidade — e isto porque algo só é agradável para alguém, e neste caso reinsere-se no estudo a mesma questão do relacionamento obra-receptor que Bense tentara, inutilmente, evitar. A menos que Bense esteja pensando numa ditadura onde até a agradabilidade dos objetos fosse estabelecida por decreto-lei, de uma vez por todas e para todos, quando então — fosse qual fosse o objeto sob estudo — se recorreria a uma tabela descrevendo-o "objetivamente" como agradável ou não. É de fato curioso que Bense não tenha percebido esta contradição gritante entre sua "estética científica" e a "medida estética" de Birkhoff. A menos que, como McLuhan, ele não se importe com as contradições evidentes manifestadas em seus textos, seu objetivo não é outro senão o de confundir seus leitores, fazendo com isto o jogo das tecnocracias e das ditaduras.

Continuando: através dessa fórmula, Birkhoff calcula as medidas estéticas de alguns polígonos, obtendo:

$$M_F \text{ quadrado} = \frac{1 + 1 + 2 + 2 - 0}{4} = 1,50$$

$$M_F \text{ retângulo} = \ldots\ldots\ldots\ldots\ldots\ldots = 1,25$$

$$M_F \text{ triângulo} = \ldots\ldots\ldots\ldots\ldots\ldots = 1,16$$

Com a aplicação do cálculo de Birkhoff, estabeleceu-se uma degradação estética das figuras poligonais a partir do quadrado, que surge assim como a de maior valor estético. Bense alegremente saúda essa proposição, lembrando que os exemplos de Max Bill e Malievitch, artistas adoradores do quadrado, confirmam o bem-fundado dessa avaliação-estética.

Ora, Bense nada faz aí além de jogar com elementos de gosto pessoal que nada têm a ver com uma estética "científica" e "objetiva". Suas constatações, como as de Birkhoff, são mesmo contrariadas por outras "estéticas experimentais". Tampouco estas devem merecer um crédito cego como expressões da verdade, mas é interessante citar alguns de seus resultados a fim de estabelecer-se uma comparação com o sistema de Birkhoff.

O físico Fechner[5] propôs métodos estatísticos para medir a intensidade (totalmente subjetiva e qualitativa, reconhecia ele) das sensações humanas por meio de canais que, estes, são objetivos e quantificáveis. Formulou três tipos de métodos experimentais, através dos quais foi possível determinar o gosto *médio* por determinadas formas:

1) observação dos objetos preferidos pelo público (formatos de envelopes, livros, quadros etc.);

2) construção e variação de formas pelo e à vontade do sujeito pesquisado;

3) escolha, pelo pesquisado, entre algumas formas simples, num teste de valores estéticos antecipadamente preparado para descobrir-se qual o gosto real de uma pessoa e qual o gosto julgado *melhor* pelo grupo a que pertence o indivíduo, verificando-se a ascendência dessa pressão do grupo sobre o gosto individual.

5. Gustav Theodor Fechner, físico e filósofo alemão (1801-1887), um dos proponentes da psicofísica.

A conclusão foi que as formas baseadas na proporção 1/1,618... (ou equivalentes) eram as preferidas quando 1 representava o lado menor e 1,618... o maior. Obteve-se o seguinte quadro:

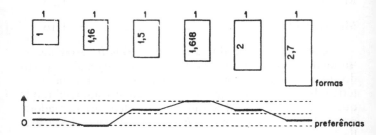

Descobriu-se que o retângulo de seção áurea (lado menor está para o maior assim como o maior está para a soma dos dois) é aquele que, na opinião dos pesquisados, tem o maior valor estético. Os retângulos deformados, ou muito longos, foram ressentidos como estando fora das medidas, *figurando o quadrado entre as formas mais desdenhadas.*

Em termos de Teoria da Informação é possível explicar do seguinte modo esse resultado: Os retângulos de seção áurea são aqueles que, dentro do conjunto selecionado por Fechner, apresentam-se com o máximo de unidade compatível com o máximo de diversidade (com *unidade* e *diversidade* equivalente a *ordem* e *complexidade*). Os retângulos curtos ou alongados eram recebidos como portadores de muita diversidade e pouca ordem, apresentando-se o quadrado com muita unidade (ordem) e nenhuma diversidade (complexidade). Isto significa que o quadrado tem uma taxa de redundância muito alta: dado apenas um de seus lados, já se sabe como serão os outros três. Em relação ao retângulo, a visão de um único lado não possibilita a previsão dos 3 restantes, formando-se a figura apenas a partir de dois lados.

Se não bastava a estética experimental de Fechner, depois dessa ligeira análise informacional de quadrados e retângulos fica difícil ou impossível aceitar a "posição estética privilegiada" do quadrado — sem mencionar que a análise de figuras circulares vê-se num verdadeiro beco sem saída no sistema de Birkhoff.

E ainda que se pudesse aplicar a equação de Birkhoff (valendo a objeção mesmo para Fechner), ela diria respeito apenas às formas poligonais. E mesmo que se pudesse, numa operação extremada capaz de deixar de lado a maior parte do valor das obras analisadas, reduzir um produto estético a suas formas poligonais básicas (como no caso da pintura renascentista), ficaria de fora desse esquema a maioria das obras contemporâneas e modernas que nem de longe se baseiam em construções poligonais (abstracionismo informal, *action painting* etc.). Essas tentativas matemáticas de apreensão do valor estético surgem assim como simples exercícios de habilidade intelectual dos quais o máximo que se pode dizer é que são especulativos — a mesma especulação que Bense tanto queria sonegar. Max Bense parece ter noção das dificuldades de utilização da medida estética de Birkhoff: diz que ela é "algo arbitrária", objetivamente limitada", "vinculada a um gosto tradicional", e diz, no entanto, que ela poderia ser aplicada a famílias estéticas restritas como a dos polígonos. O que se tem, contudo, com esse esquema, é um monumental edifício (gótico ou gaudiesco) destinado a ser aplicado na análise da cabeça de alfinete que é a forma poligonal na arte. Nesse passo seriam necessários alguns milênios para determinar o valor estético de um produto de Munch ou Francis Bacon ou Pollock — para não falar na obra de qualquer artista cinético. Parece, porém, que todos os milênios reunidos não seriam suficientes para fornecer uma análise numérica sequer tartamudeante de qualquer deles.

4. ESTÉTICA GERATIVA: O LUGAR DA TÉCNICA

Ao lado das estéticas semiótica, numérica, científica, valorativa etc., e diretamente ligada à informacional, mais uma estética: a gerativa. Antes de mais nada, essa proliferação de estéticas leva a pensar que também neste campo o pensamento tecnocrata, intencionalmente fragmentador, também se instala: essas diversas especializações da estética parecem exigir cada uma um técnico — um para tratar da microestética, outro voltado para a macroestética, um terceiro para o estudo dos signos segundo a semiótica, um quarto para o tratamento informativo etc. — sem pedir nenhum para tratar da obra estética como um todo maior do que a simples soma de suas partes componentes. Mais uma vez, agora na estética, verifica-se a tendência no sentido de promover a perda da visão de conjunto, a única capaz de superar o traço alienador típico da sociedade atual.

Mas o que pretende essa estética gerativa, tal como vem defendida ainda pelo mesmo Max Bense, entre outros? Basicamente, a criação de estados estéticos independentes dos atos humanos ou, em outras palavras, a criação estética por meio de máquinas, através de processos matemáticos. O que se procura, com a estética gerativa, é propor uma série de "operações, regras e teoremas" capazes de estabelecer, "consciente e metodicamente", estados estéticos.

Como foi visto nas páginas anteriores, a Teoria da Informação foi um dos pontos de partida para uma série de abordagens do fato estético que se pretendiam "objetivas", "exatas", livres das "interpretações e especulações" tipicamente humanas — e a bem da mesma "cientificidade e objetividade" termina-se por excluir o homem do processo criador.

Dificilmente pode-se entender a necessidade de atribuir ao computador a tarefa da criação estética: se ainda existem os homens, por que uma estética gerativa? Visando uma democratização da arte, como se alega? Pode parecer tentador estabelecer um processo pelo qual um produto estético seja imediatamente construído sem se passar pelos longos anos de treinamento, de frustração, de acerto & erro caracterizadores do tradicional modo de produção estético. Mas surge a pergunta inevitável: pode realmente qualquer um manipular fórmulas matemáticas (para não falar em criá-las) previamente armazenadas num computador e com isso produzir um estado estético? Sem mencionar que tal processo estaria eliminando a exata razão de ser da atividade criadora — a descoberta gradativa e reveladora da forma e do conteúdo —, não há como deixar de apontar a fragilidade dessa argumentação.

Como simples *exercício* estético, entre outros possíveis, a estética gerativa seria aceitável e bem-vinda. Nota-se, no entanto, uma tentativa de fazer desse sistema de criação uma regra do novo agir criador que, por sua modernidade, superaria obrigatoriamente os métodos "tradicionais". O que se esconde por trás da estética gerativa é, de fato, uma questão ideológica uma vez que os produtos dessa estética hoje existentes não passam de simples elementos de decoração (composições gráficas de retas e curvas ou projetos de objetos criados para o sistema de consumo) que desfiguram a arte como processo de conhecimento (como esquema de provocação e descoberta), transformando-a numa estrutura de apaziguamento, integração e alienação. Não há como programar, para a máquina, obras perturbadoras como as de Jasper Johns, Warhol, Oldenburg, Duchamp ou de Francis Bacon, Emsor, Munch, sem falar em Bosch ou Brueghel. Dessa arte "gerativa" só se poderia dizer que ela seria cômoda e tranqüilizante para muitos na medida em que deixa de lado a questão da especulação sobre uma realidade criticável ou insuportável, preferindo inócuas composições geometrizadas distanciadas da condição humana. É bem possível mesmo que as sociedades "organizadas" (eufemismo para *ditatoriais*) de um amanhã bem próximo resolvam por decreto instituir a estética gerativa como a única admissível para o novo mundo programável.

A respeito, é mais que estranhável a conclusão apresentada por Max Bense para sua *Pequena Estética*, onde procura justificar a existência de uma estética gerativa no mundo moderno afirmando que "só mundos antecipáveis são programáveis, só mundo programáveis são construtíveis e humanamente habitáveis". Se por um lado o aumento populacional das sociedades faz com que se encare o planejamento como garantia da vida humana, não se pode deixar de ver nessa proposta de Bense o retrato prefigurado de um universo concentracionário nos mesmos moldes de outros já existentes ou que já existiram, construídos pelos fascismos de variada coloração.

Mesmo sem pensar numa análise filosófica e sociológica desse "mundo programável", a aplicação da Teoria da Informação sobre essa fórmula bastaria para levantar suspeitas sobre sua conveniência. De fato, o antecipável é o previsível é o redundante — e se uma coisa é tão previsível a ponto de ser programável é porque ela é previsível numa tendência para 100% e, assim, redundante numa tendência para 100%. É, pois, absolutamente não-original, e como a medida de uma informação é sua taxa de originalidade, segue-se que um mundo programável tem uma informação com tendência para zero, é um mundo morto, frio, incapaz de despertar o menor interesse em seus receptores (seus habitantes) os quais, por sua vez, serão "mortos", redundantes, não criativos, não inovadores, não modificadores mas simples autômatos convenientemente manipuláveis, programáveis. Esses mundos programáveis seriam, em suma, mundos não habitáveis, um mundo onde a entropia (pelo menos a social) tende para zero, onde o elemento caógeno é eliminado em favor de um *rendimento* técnico ideal, um mundo tedioso, fechado, inativo e tendendo para a autodestruição, pois esse elemento caógeno pode perfeitamente ser identificado com o próprio princípio da vida. Mais importante, seria um mundo de onde todas as liberdades humanas seriam varridas, onde só por absurdo se poderia pensar um morar. É possível que na

Terra superpovoada de manhã não se consiga evitar esse universo concentracionário. Mas enquanto não se chega nesse ponto é imperioso tentar fazer com que a situação não se encaminhe para essa degradação, o que implica, entre outras coisas, a recusa da estética gerativa como outra coisa que não um simples exercício estético.

Mesmo sem cair nesse limite extremo, há tarefas intermediárias propostas para a estética gerativa que tampouco primam por apresentar uma justificativa razoável para sua formulação. Muitos desses Centros de Processamento de Imagens (como o existente na Universidade de Campinas) propõem ou chegaram a propor, para os trabalhos de computação estética, uma série de atividades abrangendo desde o planejamento urbano e o combate à poluição visual até a continuação da obra de criadores desaparecidos. Se não há o que reclamar dos primeiros objetivos, o último é mais um exemplo da orientação enganosa e enganada que tendem a assumir os defensores da estética gerativa. Mesmo fazendo-se a ressalva de que a computação estética permitirá em tese, e sob o ponto de vista das ciências exatas, a continuação do trabalho de artistas desaparecidos, essa proposta só pode exercer uma função desnorteante e confusionista. Em nome do que retomar o trabalho de um criador desaparecido? O próprio da atividade humana é sua finitude e, por mais brilhante que tenha sido uma proposta, ela não pode deixar de estar determinada, localizada e fixada no tempo e no espaço, e não tem como prolongar-se — a menos que se pretende impedir a investigação e a criação.

Fala-se ainda na possibilidade de terminar obras deixadas inacabadas. Equívoco ainda maior. Para que, com base em quê? E como saber quais foram deixadas inacabadas intencionalmente? Completá-las seria, eventualmente, além de grosseiro erro de análise estética, uma violentação da vontade e do trabalho de um indivíduo.

Fala-se ainda em outras supostas vantagens, como a promoção de exposições a longa distância, sem remoção dos originais — vantagens inexistentes num mundo cada vez menor. Os únicos aspectos positivos da estética gerativa residem na sua utilização, como foi observado, enquanto métodos de exercício estético, enquanto processo de estética experimental, quer dizer, provisória, limitada, primeira e primitiva. A defesa da ultrapassagem desse limite confunde-se desagradável e perigosamente com a adoção da ideologia da tecnoburocracia para a qual, numa atitude suicida, nada é menos importante que o desenvolvimento do homem.

C. COMUNICAÇÃO

1. COMUNICAÇÃO OU ENGENHARIA HUMANA?

Após ter passado pela discussão da Semiologia/Semiótica e da Informação — mesmo que em rápidas páginas — seria lícito perguntar desde logo o que sobra, de tudo isso, para formar um campo da Comunicação. Esta é uma pergunta equivalente à que se fazem as escolas de comunicação quando indagam, diante da filosofia, sociologia, psicologia etc., sobre o que lhes cabe como domínio próprio; pergunta justificada sob mais de um aspecto. Deixando por ora de lado a resposta a esta segunda pergunta, à primeira se poderia responder que de fato muito pouco sobra, ou mesmo nada.

Muitos, argumentando por exemplo que a informação é um sistema enquanto a comunicação é o processo desse

195

sistema, não concordariam com essa proposição, afirmando que um modelo como o proposto por Shannon & Weaver continua válido. Começando por lembrar que este modelo inicial, do qual derivaram outros, é de uma época (1947) em que a divulgação dos estudos de semiótica e semiologia mal engatinhava (embora Peirce tenha morrido em 1914, numa demonstração eloqüente da marginalidade em que foi mantido), é possível indicar algumas razões pelas quais esses modelos não mais se justificam e pelas quais aquilo que aparece até aqui, ainda e em muitos casos, como recheio da Comunicação, deve ser trocado.

Um desses motivos é o tom de *engenharia humana* assumido pelas propostas iniciais de Claude Shannon e Warren Weaver[1] das quais derivou a chamada Teoria da Informação. Como já deve ter ficado suficientemente demonstrado na seção dedicada à Informação, essa teoria tende a reduzir as questões ligadas ao signo e à interpretação humana a um problema de equacionamento técnico. Na verdade, essa teoria surgiu como uma engenharia de comunicações, isto é, como uma disciplina voltada para a resolução dos problemas técnicos envolvidos num processo de transmissão de mensagens através de aparelhos elétricos ou eletrônicos. De um momento para outro, no entanto, e como num passe de mágica — que na verdade nada tem de misterioso, como se verá a seguir — esse modelo foi transposto em sua totalidade para o domínio do tratamento da comunicação humana e ninguém parou muito para perguntar-se se havia bases para tal transferência — e pelo visto essa indagação continua a não primar pela insistência. E aquilo que era engenharia simples passou a ser engenharia humana: começou-se a falar em quantidade de informação, em limiares de percepção, em capacidade numérica de absorção de mensagens e a manipular a questão da interpretação humana como se fosse uma série de caixinhas mecânicas, tal como o esquema de Shannon & Weaver evidencia muito bem.

E a engenharia humana "pegou": ela já existe sob forma institucionalizada, completamente organizada, em disciplinas ou atividades como as relacionadas com a publicidade, organização de vendas, administração de pessoal, relações públicas, turismo e rege a formação e desempenho de grupos de variada natureza. Nessas atividades, ensina-se ao "comunicador" ou manipulador as várias técnicas, de organização e transmissão de mensagens, derivadas da Teo-

1. *The Mathematical Theory of Communication*, Urbana, Univ. of Illinois Press, 1969.

ria Matemática da Comunicação, de modo a dirigir as pessoas para a consecução dos objetivos estabelecidos por ele, comunicador. E ninguém parece importar-se muito com o desempenho dessa engenharia humana que parece (e talvez não pareça apenas) extraída diretamente das páginas de *1984* ou outra qualquer utopia totalitária. Pelo contrário: continua-se a desenvolvê-la. Hoje já se fala mesmo numa "tecnologia humana", que se apresenta como um ramo da psicologia destinado a "tratar" aqueles que não se encaixam dentro da norma através de uma série de atos à qual corresponde a designação, de todas a mais suave, de "programação" — orgulhando-se os novos tecnocratas de seus sucessos quando conseguem fazer com que alguém que deteste os "bailinhos sociais" da firma onde trabalha acabe entregando os pontos e aderindo a esse "evento social", sem nem por sombra questionar com o "paciente" a real significação de tudo isso. E estes mesmos tecnologistas, quando chegam a ter alguma consciência de sua prática (e o mesmo talvez possa vir a ser dito dos atuais "comunicadores sociais", recentemente criados pela legislação brasileira), no máximo lamentam que tais procedimentos não sejam usados no interesse coletivo. Na verdade, não ficam na lamentação, apenas: propõem mesmo, como solução, que se amplie essa tecnologia e essa engenharia ao ponto de, através delas, ser possível controlar os motivos e os objetivos do utilizador dessas técnicas — o que significaria a existência de controladores de controladores (e o comunicador é um controlador) tendo-se no ápice da pirâmide o Grande Controlador, ou o mesmo Grande Irmão de *1984* ou, sem eufemismos, o Ditador.

Essa transferência do campo das máquinas para o dos homens foi endossada, entre outras coisas e outros, por teorias como a da Cibernética, desenvolvida por Norbert Wiener, para a qual os mecanismos de controle (entenda-se: fluxo de informação) das máquinas poderiam explicar os mecanismos de controle do homem e vice-versa. Mas como as máquinas não conseguem propor a si mesmas um Interpretante Emocional e, mesmo dizendo-se lógicas, não têm condições de chegar a um Interpretante Lógico Final, será melhor explicar as máquinas com base no modelo humano e não o contrário. Na seção dedicada à Informação foi discutida a tentativa de aplicação desse tipo de engenharia à Estética e, com base no que ali foi exposto, é possível imaginar o que se propõe em outros campos (cujas realizações práticas, como as de Skinner e a lobotomia praticada em prisioneiros-cobaias para exame do comportamento, superam aterradoramente qualquer imaginação) e as razões das críticas a essa concepção aqui apresentadas.

2. A CONCEPÇÃO PATERNALISTA DA COMUNICAÇÃO

Há outras razões para descartar esses modelos e acepções iniciais da comunicação, embora a acima exposta seja a maior delas e, com isso, eliminasse todas as demais. Mas é conveniente detalhar pelos menos mais uma.

No modelo original de Shannon & Weaver, a comunicação vinha assim representada graficamente:

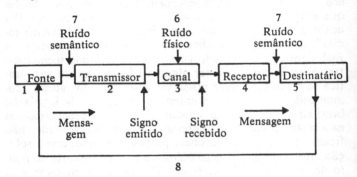

num grafo cuja leitura é a seguinte:

1) uma fonte de informação produz mensagens;
2) um transmissor codifica a mensagem, transformando-a em signos;
3) um canal físico (*medium*, veículo) transporta os signos;
4) um receptor decodifica os signos a fim de recompor a mensagem;
5) um destinatário, pessoa ou coisa, recebe a mensagem;
6) esse processo de transmissão está sujeito a sofrer as influências e alterações provocadas por uma fonte física de ruídos (elementos perturbadores da forma da mensagem ou *engineering noise*);
7) o mesmo processo está sujeito a ruídos de tipo semântico, responsáveis pela distorção do significado da mensagem, e que podem ocorrer tanto no processo inicial de codificação (tradução de uma intenção para uma forma) quanto na decodificação (quando então a mensagem pode ser recomposta não com o significado visado pela fonte mas segundo o significado que interessa, conscientemente ou não, ao destinatário);

8) a fonte controla os efeitos da mensagem sobre o destinatário através da análise de signos enviados, intencionalmente ou não, pelo destinatário (retroalimentação ou *feedback*).

Esse grafo pode ser resumido ao seguinte:

particularmente se se levar em consideração a proposta de McLuhan de que o meio (*medium,* canal) é a mensagem.

O problema inicial com essas concepções transformadas em esquemas (utilizados a todo momento nos estudos da comunicação) é que se acaba por confundir a esquematização geométrica com a natureza do objeto representado, de modo que se possa a encará-lo como funcionando conforme essa geometrização — o que é por todos os aspectos inadequado. Para G. Bachelard[2] a utilização de esquemas geométricos é indício de um estado do conhecimento científico mais adiantado que um estado do conhecimento se contenta com imagens primeiras do fenômeno (pensamento pré-científico). Mas, em sua própria divisão do espírito científico há um terceiro estado ainda mais desenvolvido onde o pensamento se livra da experiência imediata e das amarras do concreto para entregar-se à prática da abstração, que se projeta abdutivamente (*i.e.*, não com base num *dever* ser, mas num *poder* ser) para o futuro — prática de que é exemplo justo o pensamento de Einstein.

Pois bem, muito estudioso da comunicação não conseguiu (ou não quis) livrar-se da ascendência desse esquema geométrico funcionalista e, quase literalmente, continua entendendo a comunicação como uma questão de caixinhas estanques, permanecendo assim no segundo momento, apenas, da formação do espírito científico nas comunicações.

Mas o maior problema não é esse: é que há nesse esquema um pecado original de cuja existência não se pode duvidar, restando saber se é um pecado assumido (configurando uma ideologia) ou "ingênuo" e quase inconsciente. Se o pecado foi inconsciente, esse esquema nada mais fez que representar uma situação de fato existente à época de sua formulação; se intencional, o que se procurou fazer com o esquema foi com ele moldar a realidade. A resposta está numa mistura dessas duas possibilidades.

2. *La formation de l'esprit scientifique*, Paris, J. Vrin, 1975.

A razão da falência do modelo, e seu "pecado", na verdade sempre esteve bem à vista — por isso mesmo suficientemente oculta — e materializa-se diante do analista sob uma forma aparente inocente: a flecha que vai da fonte ao receptor. Uma rápida psicanálise desse signo, utilizado com freqüência em várias linguagens simbólicas — psicanálise que poderia ser igualmente feita com os termos *fonte* e *receptor* com os mesmos resultados, o que mostra a coerência interna do modelo —, demole esse esquema de processo de comunicação ao mostrar: 1) que ele implica uma agressão ao receptor (a flecha como símbolo de violência); 2) que ele se propunha como cristalizador de uma ideologia conservadora relativa ao processo de produção e distribuição da cultura.

O primeiro tópico não necessita demonstração, tão evidente é seu conteúdo de verdade: o sistema de ensino é uma agressão constante ao aluno, do pré-primário à universidade; a TV é uma agressão física e ideológica ao espectador e assim por diante. McLuhan, ainda, sintetizou essa situação em sua fórmula "o meio é a massagem" que, entre outros, pode ser entendido nesse sentido literal de "massagem cerebral" ou "lavagem cerebral".

Em relação ao segundo tópico, o fato é que essa flecha e os termos por ela relacionados indicam claramente, desde logo e no mínimo, um entendimento paternalista do processo de comunicação. Em sua origem está a pressuposição de que o processo é orientado a partir da fonte na direção do receptor e que, mais ainda, a mensagem é produzida *pela* fonte e *para* o receptor. Formalizando nesse esquema uma divisão social do trabalho, a fonte na verdade serve-se do receptor para atingir seus próprios objetivos, e surge como ponto de partida do processo, produzindo informações à sua vontade e paternalisticamente levando-as ao receptor — cujo único papel, de todo passivo, é receber essas mensagens produzidas longe dele.

De pouco ou nada adianta alegar que a fonte aciona o processo *pelo* receptor (em nome deste, a seu favor, pelo seu bem) ou que a retroalimentação serviria para fazer a fonte conhecer "as verdadeiras necessidades" do receptor e, com isso, corrigir sua conduta. A hipocrisia, consciente ou não, da primeira alegação já é mais que evidente, hoje, em toda parte; e sobre a segunda pode-se dizer que, mesmo quando fornecem algum resultado, os recursos da retroalimentação freqüentemente acabam servindo para que a fonte de fato corrija sua conduta *mas não* visando atender às exigências do receptor e, sim, procurando obter de modo mais seguro seus próprios intentos.

O modelo teria de ser desconstruído e reelaborado a partir de uma mudança na direção da flecha, se se pretende uma comunicação adequada ao projeto humano. A proposta seria

Fonte ←—— Receptor ou Receptor ——→ Fonte

e talvez se devesse pensar num outro signo a fim de evitar-se a imagem da agressão contida na flecha.

A leitura do modelo passaria a ser então a seguinte: ao invés de ser estimulado pela fonte, o receptor estimula a fonte ao necessitar de uma informação, utilizando-a conforme seus próprios interesses[3]. O processo de comunicação seria com isto posto a andar sobre seus verdadeiros pés ao invés de arrastar-se sobre a própria cabeça. Inversões deste tipo parecem impor-se em mais de um domínio e em mais de uma época...

Sem esquecer que essa flecha pressuporia uma relação biunívoca e não apenas unidirecional, nesta nova concepção o receptor não mais é manipulado pela fonte (como continua a acontecer impunemente com os meios de comunicação de massa) mas é ele que tem o controle do processo, tornando-se sujeito do processo, sujeito ativo e não simples elemento passivo.

Em 1957, Westley & McLean[4] haviam proposto uma reforma do modelo tradicional ao apresentar um esquema conceitual da comunicação que já retirava da fonte (embora não de modo total, e nem do gráfico, o que é significativo) o controle da situação. Representação desse modelo:

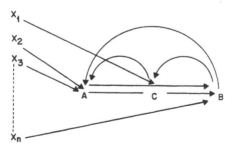

e que pode ser lido:

3. Num processo de comunicação, a estimulação inicial legítima deve surgir sob a forma de uma indagação feita pelo «receptor».

4. «Un modelo conceptual para la investigación en comunicaciones», por Bruce H. Westley e Malcolm S MacLehan in Alfred G. Smith (org.), *Comunicación y cultura*, Buenos Aires, Nueva Visión, 1972.

1) $x_1 \ldots x_n$ são mensagens disponíveis;

2) A é o *advocacy role*, o autor ou comunicador, uma pessoa ou um sistema social que seleciona e transmite intencionalmente as mensagens;

3) B, ou *behavioral system roles*, é o receptor, uma pessoa ou um sistema social que pede e usa informações para atender a suas necessidades e solucionar seus problemas;

4) C, ou *channel role*, é o canalisador ou agente de serviço de B, destinado a selecionar e transmitir a informação fora do alcance imediato de B;

5) retroalimentações: de B para C, de B para A, de C para A;

6) algumas mensagens podem ser transmitidas diretamente por C;

7) algumas mensagens podem ser obtidas diretamente por B.

Este modelo admite quatro situações básicas:
   a) mensagens captadas diretamente por B;
   b) mensagens transmitidas a B através de uma troca direta com A;
   c) mensagens transmitidas a B por C;
   d) mensagens transmitidas a B através de A e B, como no grafo.

Atribuindo a iniciativa a B, o esquema de Westley & MacLean fugiria a uma concepção paternalista da comunicação se o destinatário deixasse de ser denominado B (isto é, um segundo numa dada ordem) assumisse a posição de A e fossem invertidas as flechas. Mas, particularmente, se não fizesse menção a um *advocacy role* cuja presença no esquema é indício mais que suficiente para demonstrar que o paternalismo na verdade não está erradicado dessa concepção. De fato, o termo *advocacy* abrange em inglês as denotações "advocacia" mas também as de "proteção, defesa, amparo"... E é exatamente necessário desconfiar profundamente de toda ideologia que se apresente como defensora, protetora do público, do receptor, dado que no mínimo ela na verdade procura uma autojustificativa para o "protetor" e, no máximo, pretende usar o receptor para servir a seus, do "protetor", objetivos.

A terminologia de Westley & MacLean continua infeliz quando fala em B como *behavorial system role* (literalmente, papel de sistema comportamental), numa fórmula implicando declaradamente a noção de que B, o receptor, é passível de ter seu comportamento moldado (*i.e.*, apresenta B como função de uma programação do comportamento), enquanto A é apresentado como coisa diferente desse público ou pessoa encarada como fruto de um comportamento norteado pelas mensagens — enquanto A é apresentado como um receptor, que está além e acima dos problemas de comportamento. O elitismo e o paternalismo são demasiado evidentes neste modelo e conseguiram superar a generosidade da intenção dos autores ao aparecerem materializados nas denominações e no grafo.

Neste momento alguém poderia objetar que, estando-se numa civilização de massa, é inevitável que uma fonte (uma pessoa ou uma instituição) acabe por centralizar em si a iniciativa de informar, e que o modelo teria de continuar a ser mais ou menos o mesmo. No entanto, isto está longe de configurar uma verdade indiscutível, sendo antes o tipo de pensamento que um sistema cada vez mais autocrático insiste em divulgar e fazer crer. De fato, nada está mais longe da realidade que isso. Basta lembrar as antenas selvagens que proliferaram um tempo na França (só sendo contidas através da repressão policial) e que continuam a alimentar em grande escala os rádios e televisores italianos. É que essas antenas selvagens — pequenas estações transmissoras de rádio ou televisão, com alcance limitado a uma ou poucas cidades, feitas pelos moradores do local e para eles mesmos — estão ligadas a uma forma de organização social que as instituições estabelecidas procuram sufocar a todo custo, evitando mesmo pronunciar seu nome: a autogestão. O governo do grupo pelo grupo (a autogestão na fábrica, na escola, no sindicato) é, para a comunicação, muito mais que simples possibilidade, pois que já foi de algum modo posta em prática em países, como França e Itália (sem falar na TV por cabo, nos EUA), que são exemplos adequados de locais nos quais deveria existir apenas, supostamente, os meios de comunicação de massa. Mas as antenas selvagens mostraram a falência dessa argumentação. Praticamente abertas a qualquer um dentro de sua zona de influência (e vivendo justamente em razão disso), como na França, o que se tem com elas é uma comunicação do receptor para o receptor. Os programas são montados pela pessoa e pelo grupo da localidade diretamente interessada num problema, e isso é a segurança de seu interesse e seu sucesso, numa nova demonstração (desnecessária, na verdade) de que o grande assunto do homem é o homem que está a seu lado.

Enquanto a comunicação não estiver instalada como autogestão (única forma que implica a comunicação legítima: o diálogo) qualquer modelo ou esquema que dela se propuser não esconderá seu desenho, intencional ou não, pouco importa, de "engenharia humana". E isto não serve.

3. COMUNICAÇÃO E IDEOLOGIA: O PRÉ-SENTIDO[5]

No tópico anterior foi dito que alguns dos modelos de comunicação, com os quais muitos ainda insistem em trabalhar, recobrem uma visão conservadora (para não dizer reacionária) do processo de produção e divulgação da cultura, visão esta baseada na detenção dos meios de produção e transmissão por uma pessoa ou grupo restrito aos quais se oporia, do outro lado, a massa dos consumidores. Esta imagem constitui uma vertente ideológica de tais modelos de comunicação mas por baixo dela, como se pode facilmente imaginar, há outras talvez ainda mais importantes, uma das quais vale a pena destacar de imediato.

Esta diz respeito ao paralelismo instalado nas sociedades (há alguns anos atrás se diria: sociedades capitalistas; hoje, porém, dadas as circunstâncias observáveis nas sociedades ditas socialistas mas que são na verdade de capitalismo de estado, basta dizer "sociedades", sem especificar) entre o sistema de circulação de mercadorias e o sistema de circulação de signos. J. Derrida[6] observou, há alguns anos, que a base para uma reflexão fiel sobre o discurso dos signos residia numa descrição crítica do dinheiro. De fato, é imediata a observação segundo a qual, uma vez que a moeda substitui as coisas por seus signos, a circulação destes acaba se processando sobre o mesmo sistema (ou um sistema equivalente) em que se baseia a circulação da moeda. Em outras palavras, os indivíduos acabam por definir-se através de um sistema de troca de informações do mesmo modo como são definidos, no atual modelo econômico-social, pelo sistema de troca de mercadorias. Seu papel, seu lugar, suas esperanças são inteiramente determinados por este último — o que implica, agora, dizer que são determinados pelo sistema de informação.

Nestes termos, seria lícito falar-se na *produção* ou num modo de produção de informações da mesma maneira co-

---

5. A idéia central deste texto foi retomada em «Discurso burocrático e produção do sentido» da seção A, Cap. 2 desta obra. A repetição do mesmo argumento aqui se justifica dado o caráter mais amplo da presente exposição.

6. *De la grammatologie*, Paris, Minuit, 1967.

mo Marx descreveu a produção econômica do ponto de vista social, *i.e.*, enquanto sistema de produção, distribuição e circulação de mercadorias. Nesse quadro, Marx analisa o trabalho como valor e estabelece uma distinção entre dois tipos de valores: o de uso e o de troca. Em linhas gerais, do ponto de vista do valor de uso o trabalho poderia ser entendido como um dispêndio de força humana num sentido concreto e útil — assumindo portanto o caráter de produção de utilidades reais passíveis de atender a necessidades humanas bem definidas. Sob o aspecto de valor de troca, o trabalho surge como produto posto em circulação sob uma natureza simbólica na medida em que esse produto não é imediatamente útil, não atende diretamente a uma necessidade específica. Sob este aspecto, o trabalho aparece, por exemplo, trocado por moeda. Seja como for, no processo de produção sempre haverá um valor, de uso ou troca, atribuído ao trabalho.

Em sua prática, a análise marxista se aterá sempre a um entendimento do trabalho como valor e abordará de preferência a questão do valor de troca, isto é, o trabalho enquanto produto posto em circulação. Julia Kristeva[7], no entanto, sugere a possibilidade de pensar-se o trabalho fora do quadro do valor e do bem produzido e posto em circulação simbólica através, no caso que aqui interessa, da cadeia comunicativa. Nesse nível, partindo de uma observação de Marx constante de *O capital* e segundo a qual é possível falar-se da atividade produtiva do homem fazendo-se uma abstração não só de seu caráter de troca como de seu caráter de utilidade — quando essa atividade surgiria sob a forma de um simples dispêndio de força humana feito por um corpo — o trabalho não representaria valor algum e, portanto, nada diria. Em outras palavras, não teria um sentido, seria um "trabalho pré-sentido" — portanto, algo capaz de fugir às normas do sistema de comunicação tal como está hoje montado.

Aceito o paralelismo entre o sistema de circulação de moeda e o de circulação de signos — imagem cuja adequação é em princípio evidente — surge a questão de saber em que consiste um sistema de comunicação feito com signos sem sentido, isto é, com pré-signos, isto é, um pré-sistema, uma pré-comunicação ou uma anticomunicação, se comparada aos moldes atuais. Para a comunicação — ou melhor, para a semiótica, uma vez que o lugar desta está sendo hoje indevidamente ocupado pela comunicação, como se proporá mais adiante — esta tarefa de pensar uma

7. *Recherches pour une sémanalyse*, Paris, Seuil, 1969.

pré-comunicação ou, admitamos como hipótese, uma *incomunicação*, pode equivaler ao esforço do homem consciente (ou "consciente") pré-freudiano no sentido de admitir a existência de um inconsciente. Em outras palavras, no sentido de admitir um sistema de comunicação dele consigo mesmo (Platão reconhecia o pensamento, ou diálogo consigo mesmo, como forma de comunicação) processando-se através de elementos não-significantes à luz de sua tradicional lógica do sentido e que então apresentavam-se mesmo como elementos insignificantes. O esforço para aceitar essa realidade — e, mais ainda para descobri-la — era sem dúvida qualquer coisa de gigantesco. E é este mesmo esforço que terá de ser desenvolvido por uma comunicação ou semiótica se pretender ver nesse caminho um modo de libertar-se, e libertar o homem, do sistema de circulação de signos instituído.

Há indícios de que isso é possível. Kristeva cita exatamente o caso de Freud, paradigma inevitável para esta situação, a fim de apresentar a teoria freudiana do trabalho de sonho como descrevendo exatamente um processo, o do sonho, não de troca (ou uso) de um sentido (de um valor) mas de um jogo permutativo cuja finalidade seria modelar a própria produção do sentido. Acrescenta que a partir de Freud seria possível falar do trabalho como "sistema semiótico particular" promovido no interior da fala comunicativa mas dela diferindo na essência. E, de fato, em Freud o processo de sonho apresenta-se como produção pré-re-presentativa, e o próprio Freud declara, em seu *A interpretação dos sonhos*[8], que o trabalho de sonho não pensa, não calcula, *i.e.*, não premedita, nem mesmo julga, contentando-se apenas com transformar.

O caminho aberto por Freud é de fato tentador. Mas é necessário destacar que o modelo levantado por Kristeva pode ser em parte contestado, a partir das próprias bases conceituais por ela firmadas. É que o sonho, em seu processo de transformação simbólica, realmente não se reveste de nenhum valor de troca, mas não é pacífica a idéia de que esse processo, como sugere Kristeva, não tem um valor de uso. Na fórmula de Freud, esse processo de transformação não apenas é útil como vital ao homem e, de acordo com a descrição de Marx, o mesmo processo assumiria a forma de um dispêndio de energia num trabalho concreto e útil — configurando-se o valor de uso ou algo a ele equivalente. E neste caso, esse processo teria um sentido. Não seria o

7. S. Freud, *Basic Writings*, New York, The Modern Library, s.d.

sentida da lógica tradicional, mas não deixaria de ser um Sentido tal como o concebe Hjelmslev, por exemplo: uma substância primeira subjacente a todas as variadas formas de manifestação dos diversos sentidos e instauradora do próprio processo de significação. No caso do sonho, um Sentido instaurador do próprio homem. É certo, por outro lado, que Marx levanta a hipótese de uma atividade produtiva considerada independentemente de seu caráter útil, dela abstraído, e identificada assim como um simples dispêndio. É imperioso, porém, verificar se tal abstração não aparece mais como uma figura da análise, exigida pelo exercício, do que como uma realidade concreta — do mesmo modo como, por razões da exposição, fala-se numa divisão do signo em significante e significado que, na verdade, nunca ocorre se o signo for mesmo um signo. No caso do sonho, seria imprescindível confirmar o caráter de dispêndio puro de energia não denotante de uma utilidade, não dotado de um valor de uso. E esta não é uma certeza que se possa manifestar com uma simples linha escrita, como faz Kristeva. Na produção que é o homem, pelo menos até agora não foi possível descobrir algo não marcado por uma causação final, algo que não desempenhasse um papel específico, algo a apresentar-se como simples gratuidade. E se isso existe, seguramente não é o sonho. É possível mesmo que Kristeva vislumbre essa falha em seu texto, sem admiti-la, uma vez que insiste mais na proposta de uma prática semiótica diversa da troca do que numa semiótica despida também do uso.

Esta objeção não impede, contudo, que o projeto de uma tal semiótica apresente-se como possível e provável. Kristeva lembra o que ocorre atualmente com as ciências ditas exatas e esta é de fato uma boa lembrança. Muitas destas ciências já estão lidando como o não-avaliável, isto é, com o não-representável — que seria uma espécie de equivalente desta nova semiótica particular que, sem dizer seu sentido, transforma seu objeto. Sob este aspecto, não se está mais num século XIX onde não havia razão para duvidar que todas as coisas do universo eram ou seriam conhecidas pelo homem — crença endossada por Peirce, como se viu. E crença que em certos casos chegava mesmo a propor esse conhecimento como algo detectável diretamente pelos próprios olhos. Ora, em física já se fala mesmo de "objeto inobservável", e a produção de Einstein é um perfeito exemplo de uma produção transformadora do universo baseada num trabalho que, pelo menos à época da formulação de suas teorias, não estava em condições de comparar as coisas, de calcular, de julgá-las; um trabalho que não estava em condições, em última análise, de significar seu próprio produto, de comunicá-lo. De fato, Einstein jogou sempre com teorias que, em seu tempo de vida, não foram todas demonstradas — o que não o preocupava ou abalava nem um pouco. Essa demonstração não o interessava mesmo, como cansou de repetir. Mesmo hoje, algo como os "buracos negros" poderia perfeitamente entrar na categoria dos objetos inobserváveis e apresentar-se, sob certo aspecto, como correlativo de um fenômeno de incomunicação, de um pré-sentido. E se ciências como a física lidam com fenômenos desse tipo, não há razão para a ciência da comunicação manter-se presa a esquemas dos quais o mínimo que se pode falar é que veiculam uma ideologia nefasta. O próprio Einstein declarou certa vez, numa espécie de "recado ao povo", aproximadamente, que a grande tragédia que poderia desabar sobre a humanidade era a cesura registrada entre o desenvolvimento obtido pelo pensamento teórico e o pensamento e a prática do cotidiano, situados muito lá para trás. A comunicação tem como dever, portanto, superar o fosso onde permanece estagnada por falta de ousadia na prática do pensamento e pela conivência com um modelo ideológico já esgotado. Orientar-se no sentido dessa produção anterior ao valor (pelo menos ao valor de troca) não é realmente um trabalho fácil uma vez que, antes de mais nada, implica aceitar a idéia de uma produção não equivalente à comunicação e que, no entanto, se faz através dela.

O processo cujo percurso é necessário para chegar até esse ponto admite, no entanto, várias etapas que podem desde já constituir objeto de preocupação dessa semiótica particular — e não só desta, que é uma atividade de análise da produção, como também de uma produção concreta desse signo-trabalho-objeto anterior, pelo menos, ao valor de troca. Considerando-se esta questão do valor de troca do signo como algo paralelo ao valor de troca do trabalho no atual sistema de circulação de bens, pode-se desde logo lembrar que a prática das antenas selvagens, como já referido, instala-se confortavelmente nesse campo de uma comunicação cuja ideologia está voltada para o valor de uso do signo. Na medida em que essas antenas se furtam à ascendência dos grandes interesses comerciais e evitam mesmo as garras dos órgãos "de interesse público", como o Estado, que na verdade apresenta-se para controlar esse público e pô-lo a seu serviço ao invés de servi-lo; na medida, isto é, em que essas antenas entregam-se ao indivíduo ou aos grupos cujos rostos não são diluídos/alienados na massa, os signos por elas comunicados são signos para a utilidade e não para a troca.

Este pré-sentido, considerado sob o ângulo não tão radical do "sentido anterior à troca, senão ao uso" e de todo modo entendido como oposição ao sentido atualmente comunicável, isto é, monetarizável, pode ser alcançado ainda numa série de outras práticas. A arquitetura e o teatro, e os processos de comunicação aí registrados, surgem como exemplos dessas práticas.

Em termos de arquitetura, um índice dessa nova comunicação pode ser encontrado a partir da distinção de três tipos de espaços: o projetado, o percebido e o vivido. O espaço percebido é, em última análise, o espaço-produto, o espaço envolvendo o sujeito numa situação de passividade porque é um espaço dado, um espaço já feito, acabado. Resulta diretamente do espaço projetado, o espaço tal como concebido na prancheta do arquiteto ou do urbanista e que acaba determinando, por um vício terrível do pensamento, o espaço real; em outras palavras, o espaço de representação, o espaço real onde as coisas acontecem, acaba sendo confundido com a representação do espaço, feita num pedaço de papel. Por outro lado, o espaço vivido é o espaço do uso e do imaginário, o espaço construído com a atuação do usuário, o espaço envolvente sobre o qual a imaginação tenta a ação de alterar e incorporar: o espaço de uma produção em ato. Estes dois espaços, o percebido e o vivido, opõem-se do mesmo modo como se opõem a comunicação à anáfora, tal como é esta sugerida pela mesma Kristeva.

De um lado, na comunicação, o que se tem é uma atividade de representação visando transmitir um certo sentido. É o espaço percebido, do qual um dos exemplos máximos, na linha aqui desenvolvida, é o espaço dos centros comerciais ou, como insistem, dos *shopping centers*: nele, o signo circula como a moeda, o objetivo é fazer circular a moeda e para isso é necessário fazer circular os signos, os signos da ostentação, do luxo, da modernidade, do *status*, de um estilo de vida, de uma sensação de vida que substitua simbolicamente a pequenez do cotidiano — um espaço da comunicação como valor de troca.

Do outro lado, oposta à comunicação, surge a anáfora: nenhuma intenção de representação, apenas um movimento através do espaço, uma aparição, um movimento de subida, um desdobramento; um percurso, a trajetória, ação.

É o espaço vivido, como o espaço dos parques. Não, infelizmente, como a maioria de nossos parques mas como o Hyde Park, um espaço/parque apenas levemente delineado em meio ao verde, o contrário de um parque à francesa com suas alamedas pavimentadas desenhando um percurso geométrico ao lado de uma vegetação geometricamente recortada. Ou, do outro lado, no canto do espaço artificial, o espaço vivido de uma praça como a de São Marcos, em Veneza, entregue às pessoas, sem carros, feita e desfeita ao longo das horas pelas relações humanas que são sua trama. Um espaço que não tem sentido porque seu sentido é a todo momento demolido para ser reerguido, embora permaneça sempre o mesmo: um espaço pré-sentido, espaço pressentido.

O teatro é herdeiro dessa conceituação arquitetural. Existe a cena cuja intenção é comunicar: a cena do teatro digestivo mas também — é imperioso admitir — a cena do teatro político de idéias. A cena realista, pré-construída em detalhes pelo cenógrafo e que se expõe como mero espaço percebido ao espectador. Mas também a cena surrealista, porque, igualmente *dada*, é somente percebida. Contra esse espaço percebido de comunicação, a cena anafórica: a cena do teatro-festa, do teatro-evento onde os atores trazem o jogo, o jogo permutativo, para o meio dos espectadores que, por isso mesmo, não mais são espectadores mas participantes: teatrores. É o espaço do Bread & Puppet e seus bonecos raptores do imaginário, é a cena do Théatre de Soleil fazendo a Revolução Francesa acontecer cada noite entre "espectadores" maravilhados, é a cena-mística do Living Theatre ou de Grotowski. Um espaço, novamente, pressentido, um espaço para o qual não interessa a transmissão de um significado claro e preciso, para o qual vale apenas esse desdobramento existencial, essa anáfora: uma cena-pré-sentido, cena pré-cena e não a cena obs-cena do teatro comunicativo.

Estes espaços parecem gratuitos, sem valor: mas são úteis. Não se chega pois ao radicalismo talvez insustentável de Kristeva, mas é possível vislumbrar essa produção sígnica (e não *produto*, feito, acabado) que não equivale à comunicação atual e que se faz através da comunicação. É esse o pré-sentido capaz de vencer o grude ideológico da prática atual. É um objeto inobservável? Tanto melhor: só o imprevisível transforma — postulado que talvez resgate alguma parte da Teoria da Informação.

4. UM MODELO PARA A COMUNICAÇÃO

Nesse processo de passagem para uma comunicação outra, a teoria da comunicação terá de continuar prestando contas do sistema atualmente instituído ao mesmo tempo em que verá em suas mãos a responsabilidade de traçar uma linha de análise para aqueles fenômenos que, como os descritos no tópico anterior, encaixam-se de algum modo dentro do quadro do pré-sentido, da anáfora. Como já foi observado anteriormente, o homem até agora não consegue contentar-se com viver uma experiência: quer também meditar sobre ela, explicá-la. Privilegia, em suma, a prática de auto-reflexão requerida por Peirce para a configuração dos graus mais elevados do Interpretante. É bem possível que, do ponto de vista desta concepção diversa da comunicação, esse desejo de explicação seja um erro, algo a evitar por ser justamente uma busca da significação tal como ela se apresentaria, quem sabe, no esquema atual. Mas não é possível vislumbrar muito bem como seria possível reprimir esse desejo e até que ponto seria possível dispensá-lo e à busca nele implícita. Não se vê como reprimi-lo: se o trabalho de sonho pode ser encarado como exemplo dessa nova semiótica, não se pode deixar de admitir, por outro lado, que a vontade de decifrá-lo, de lê-lo ou, pelo menos, de desmontá-lo através de uma semiótica selvagem ou de uma poética do sonho, é tão antiga quanto o primeiro sonho. Não se pode dispensar o desejo de explicação: para chegar à cena anafórica, o teatro precisa desmontar as outras cenas, escolher caminhos e, mesmo que isso possa ser feito através de um processo do tipo proposto pelo Interpretante Emocional, as produções anafóricas hoje registradas não puderam dispensar uma boa dose de Interpretação Energética e mesmo Lógica em seu trabalho. Portanto, não será de um dia para outro que se poderá dispensar a prática analítica. E com isso surge o problema do modelo, da linha a seguir.

Uma análise da comunicação exige o domínio, algum domínio, da psicologia, ou melhor, da psicanálise, e da sociologia — e da história, da economia, da filosofia e mesmo da matemática. Da física até, pelo menos como método de investigação. Mas se a interdisciplinaridade não pode ser evitada, e em certos casos é mesmo desejada, ela não pode ser encarada como a estrutura mesma do estudo da comunicação — como ainda se insiste em acreditar em muitas escolas e instituições de pesquisa. Essa multiplicidade de abordagens quase nunca ou nunca consegue propor, não tanto uma linha unitária, mas pelo menos uma linha de convergência capaz de esclarecer o fenômeno da comunicação. Na verdade, a interdisciplinaridade pode mesmo ser usada — e é — para impedir que se chegue a esse ponto de algum entendimento da comunicação, para fazer com que esta surja como fantasma, entidade imaterial que não se consegue apreender. Ela é mesmo usada, nesse sentido, como opção ideológica de despistamento. Grupos e escolas passam anos e anos, e isso é muito visível, tentando surpreender esse fantasma com a guarda baixa para dominá-lo — sem o conseguir, mas conseguindo a frustração de pesquisadores, teóricos e estudantes de comunicação. E isto quando justamente a comunicação já tem claramente recortada uma fatia, para si, da atividade social, sendo reconhecida e temida por governos e instituições. Sob esse aspecto, não é inadequado manter sob suspeita a interdisciplinaridade embora se possa usá-la onde couber. Impõe-se, assim, a procura de um corpo coeso de análise que, no entanto, não repila as contradições e ambigüidades responsáveis, como no diagrama poético, pela riqueza e capacidade de descoberta da prática analítica.

Adotar o modelo de Saussure ou o de Hjelmslev, em sua integralidade, é dar demasiada importância a um aspecto da produção sígnica de que se está exatamente tentado escapar: o aspecto lingüístico, aspecto de uma lógica do sentido fechada, definida, clara. Essa lógica é incapaz de prestar contas do pré-sentido. Que fazer, seguir os caminhos demarcados por Yuri Lotman, A. J. Greimas e Mikhail Bakhtin (aliás, V. N. Volochinov)? Mas estes autores também não conseguem escapar à ação insidiosa e persuasiva da teoria da linguagem. Lotman[9] preocupa-se quase exclusivamente com os textos verbais — e o signo no espaço, no corpo, no gesto? Greimas[10] acredita que a semiótica implica uma reviravolta promovida nos postulados da lingüística, e afirma que ela não pode situar-se ao nível das palavras; mas sua análise semântica acaba sendo essencialmente lingüística, feita sobre o modelo da lingüística. Em relação às abordagens tradicionais, Bakhtin[11] sai dos caminhos repisados mas apenas para promover a sobreposição do método sociológico... à lingüística.

Diante desse quadro, e uma vez que os textos de Lyotard ou Kristeva fazem apenas indicar pistas — ótimas

---

9. *La structure du texte artistique*, Paris, Gallimard, 1973.
10. *Sémantique structurale*, (Paris Larousse, 1972) ou *Du sens* (Paris, Seuil, 1970).
11. *Le marxisme et la philosophie du langage*, Paris, Minuit, 1977.

pistas, porém não mais que isso — sendo J. Lacan demasiado específico, acaba restando (embora, claro, não seja um resto) a doutrina de Peirce. Mas sua teoria é uma teoria da comunicação? Se a sua é uma teoria da interpretação, então é teoria da comunicação pois, como se viu, em última instância (no sentido mais rigoroso desta expressão) a comunicação apresenta-se como uma produção de signos para serem interpretados. Como observa J. Ransdell[12], o próprio Peirce encarava sua teoria como análise comunicacional na medida em que considerava todo pensamento como algo a ser visto sob uma forma dialógica, por vezes explícita ao verificar-se entre duas ou mais diferentes pessoas, às vezes implícita ao manifestar-se como pensamento ou monólogo interior — que talvez não seja tão monólogo assim na medida em que implica num confronto entre uma mente ou Interpretante e um discurso interior. Sua própria proposição da relação triática entre objeto, signo e interpretante surge como derivada da noção de uma relação entre enunciador, enunciação e intérprete (correspondendo ao signo, objeto e interpretante, respectivamente), num jogo de produção sígnica capaz de envolver tanto a comunicação com intenção de comunicar como aquela sem essa intenção, e que poderia, esta, ser considerada sob o aspecto de comunicação do pré-sentido.

Apresentando-se como teoria da comunicação ou, de modo mais simples e adequado, como semiótica, sua doutrina tem as condições mínimas (e mais que isso) para prestar contas tanto da comunicação instituída quanto da prática anafórica. Ela tem uma espinha organizadora, pois é uma lógica. Mas admite um interpretante Emocional, capaz de prever a existência de signos perfeitamente simples e sem partes que podem aceitar plenamente a descrição de pré-signos, de signos veiculando pré-sentidos entregues antes a uma semiótica selvagem ou a uma poética do signo do que a uma lógica estrita. É um sistema formal, como o da lingüística, mas reivindica ser uma prática filosófica cujo objetivo último é o homem e não o signo — embora Peirce diga que o homem é um signo, afirmação a ser entendida não como *homem = signo* mas como *homem relacionado ao signo*.

E propondo-se como linha de direção para a teoria da comunicação, a doutrina de Peirce não precisa reservar-se a posse exclusiva do terreno. Suas propostas são compatíveis, em certos trechos, com as de Kristeva ou Lyotard: as nações saussurianas de significante e significado, e a

---

12. Op. cit., *Semiótica* 19 — 3/4, 1977.

de conotação entre outras, não são incompatíveis com seu modelo; pode ser conveniente verificar se uma produção sígnica apresenta-se na verdade como uma linguagem segundo o texto de Hjelmslev, e mesmo o viés pragmaticista da teoria peirciana pode ser reformado por uma visão marxista, por exemplo, sem que se cometa propriamente um crime de lesa-majestade com a teoria do signo de Peirce — que se apresentaria assim como um centro de convergência ao redor do qual girariam sistemas compatíveis.

Admitir a adequação e a operacionalidade de uma tal teoria do signo, centrada na Semiótica e suficientemente maleável para atingir as fronteiras da prática poética proposta por um Bachelard, não é ceder, nem de longe, à tentação sempre latente da interdisciplinaridade, e significa simultaneamente manter-se a uma prudente distância da ambição de dominar um instrumento unitário capaz de tudo explicar sob um único ponto de vista. Mas também significa, sem dúvida, insistir na idéia de uma certa especificidade da produção sígnica que exige, para ser abordada, um instrumento igualmente específico embora flexível. Nestas circunstâncias, o discurso sobre a significação pode surgir como uma aventura tão criativa e transformadora quanto a própria produção primeira do signo. Para tanto, é necessário pôr de lado a pretensão da certeza, suposto ser do Saber, mas também ousar recusar-se a negar a análise. É que negar a análise, escolher o silêncio, como sugere ainda Lyotard, talvez seja apenas uma outra face desse mesmo "Saber". É nesse jogo entre saber e ignorar, é no saber ignorar, além de ignorar o saber, que está a criação na análise.

BIBLIOGRAFIA

BAKHTIN, Mikhail. *Le marxisme et la philosophie du langage.* Paris, Minuit, 1977.

BARTHES, Roland. *Le degré zéro de l'écriture suivi de Éléments de sémiologie.* Paris, Médiations, 1968.

BARTHES, Roland. *Mythologies.* Paris, Seuil/Points, 1970.

BARTHES, Roland. *Sistema della moda.* Torino, Einaudi, 1970.

BARTHES, Roland. *Crítica e verdade.* São Paulo, Perspectiva, 1970.

BAUDRILLARD, Jean. *Pour une critique de l'économie politique du signe.* Paris, Gallimard, 1972.

BENSE, Max. *Pequena estética.* São Paulo, Perspectiva, 1971.

BERGER, René. *Art et communication.* Paris, Casterman, 1972.

BUYSSENS, Eric. *Semiologia & Comunicação Lingüística.* São Paulo, Cultrix/Edusp, 1972.

CARPENTER, Ed. e MCLUHAN Marshall. *Explorations in communication*. Boston, Beacon Press, 1972.

CALVET, L.-J. *Roland Barthes: un regard politique sur le signe*. Paris, Payot, 1973.

CHERRY, Colin. *A comunicação humana*. São Paulo, Cultrix/Edusp, 1971.

DANCE, Frank. *Teoria da comunicação humana*. São Paulo, Cultrix, 1973.

DUFRENNE, Mikel. *Estética e filosofia*. São Paulo, Perspectiva, 1972.

ECO, Umberto. *Le forme del contenuto*. Milão, Bompiani, 1971. (Trad. bras.: *As Formas do Conteúdo*, São Paulo, Perspectiva, 1974.)

ECO, Umberto. *Trattato di semiotica generale*. Milão, Bompiani, 1975. (Trad. bras.: *Tratado Geral de Semiótica*, São Paulo, Perspectiva, 1980.)

ECO, Umberto. *L'oeuvre ouverte*. Paris, Seuil, 1965. (Trad. bras.: *Obra Aberta*, São Paulo, Perspectiva, 1976.)

ECO, Umberto. *Apocalípticos e integrados ante la cultura de masas*. Barcelona, Lumen, 1968.

ECO, Umberto. *A estrutura ausente*. São Paulo, Perspectiva, 1971.

EDWARDS, Elwyn. *Introdução à Teoria da Informação*. Cultrix/Edusp, 1971.

ELIA, Silvio et al. *A lingüística hoje*. Rio de Janeiro, Tempo Brasileiro, 1973.

GREIMAS, A. J. *Sémantique structurale*. Paris, Larousse, 1972.

GREIMAS, A. J. *Du sens*. Paris, Seuil, 1970.

GUIRAUD, Pierre. *A semiologia*. Lisboa, Presença, 1973.

HJELMSLEV, Louis. *Prolégomènes à une theorie du langage*. Paris, Minuit, 1971.

HOUDEBINE, J.-L. *Langage et marxisme*. Paris, Klincksieck, 1977.

JAKOBSON, Roman. *Lingüística e comunicação*. São Paulo, Cultrix, 1970.

KRISTEVA, Julia. *Recherches pour une sémanalyse*. Paris, Seuil, 1969.

LEPSCHY, G. C. *A lingüística estrutural*. São Paulo, Perspectiva, 1971.

LOTMAN, Iuri. *La structure du texte artistique*. Paris, Gallimard, 1973.

LYOTARD, J.-F. *Discours, figure*. Paris, Klincksieck, 1971.

MARIN, Louis. *Études sémiologiques*. Paris, Klincksieck, 1972.

MARTINET, A. *Éléments de linguistique générale*. Paris, A. Colin, 1966.

MARTINET, J. *Clefs pour la sémiologie*. Paris, Seghers, 1973.

MCLUHAN, Marshall. *Understanding media: the extensions of man*. New York, McGraw-Hill, 1965.

MOLES, Abraham. *Rumos de uma cultura tecnológica*. São Paulo, Perspectiva, 1973.

MOLES, Abraham. *Teoria da informação e percepção estética*. Rio de Janeiro, Tempo Brasileiro, 1968.

MOUNIN, Georges. *Introduction à la sémiologie*. Paris, Minuit, 1971.

OGDEN, C. K. e I. A. Richards. *O significado de significado*. Rio de Janeiro, Zahar, 1972.

PEIRCE, Charles S. *Semiótica*. São Paulo, Perspectiva, 1977.

PIGNATARI, Décio. *Informação. Linguagem. Comunicação*. São Paulo, Perspectiva, 1970.

PIGNATARI, Décio. *Contracomunicação*. São Paulo, Perspectiva, 1971.

PIGNATARI, Décio. *Semiótica e literatura*. São Paulo, Perspectiva, 1974.

PRIETO, Luis J. *Pertinence et pratique*. Paris, Minuit, 1975.

PRIETO, Luis J. *Messages et signaux*. Paris, PUF, 1972.

SAUSSURE, Ferdinand de. *Curso de linguística general*. Buenos Aires, Losada, 1965.

SHANNON, Cl. e WEAVER, W. *The mathematical theory of communication*. Urbana, Univ. of Illinois Press, 1949.

SCHEFER, J.-L. *Scénographie d'un tableau*. Paris, Seuil, 1969.

SMITH, Alfred G. (org.) *Comunicación y cultura*. Buenos Aires, Nueva Visión, 1972.

TEIXEIRA COELHO NETTO, J. *Introdução à Teoria da Informação Estética*. Petrópolis, Vozes, 1974.

VERON, Eliseo. *Ideologia, estrutura, comunicação*. São Paulo, Cultrix, 1970.

SEMIOLOGIA E SEMIÓTICA NA PERSPECTIVA

O Sistema dos Objetos – Jean Baudrillard (D070)
Introdução à Semanálise – Julia Kristeva (D084)
Semiótica Russa – Boris Schnaiderman (D162)
Semiótica, Informação e Comunicação – J. Teixeira Coelho Netto (D168)
Morfologia e Estrutura no Conto Folclórico – Alan Dundes (D252)
Semiótica – Charles S. Peirce (E046)
Tratado Geral de Semiótica – Umberto Eco (E073)
A Estratégia dos Signos – Lucrécia D'Aléssio Ferrara (E079)
Lector in Fabula – Umberto Eco (E089)
Poética em Ação – Roman Jakobson (E092)
Tradução Intersemiótica – Julio Plaza (E093)
O Signo de Três – Umberto Eco e Thomas A. Sebeok (E121)
O Significado do Ídiche – Benjamin Harshav (E134)
Os Limites da Interpretação – Umberto Eco (E135)
A Teoria Geral dos Signos – Elisabeth Walther-Bense (E164)
Imaginários Urbanos – Armando Silva (E173)
Presenças do Outro – Eric Landowski (E183)
Autopoiesis. Semiótica. Escritura – Eduardo de Oliveira Elias (E253)
Poética e Estruturalismo em Israel – Ziva Ben-Porat e Benjamin Hrushovski (EL28)

Este livro foi impresso na cidade de Cotia,
nas oficinas da Meta Brasil,
para a Editora Perspectiva.